TAYLER UND ANIKA SCHWEIGERT

NXTLVL

Wichtige Hinweise

Die im Buch veröffentlichten Empfehlungen wurden von Verfassern und Verlag sorgfältig erarbeitet und geprüft. Eine Garantie kann dennoch nicht übernommen werden. Ebenso ist die Haftung der Verfasser bzw. des Verlags und seiner Beauftragten für Personen-, Sach- und Vermögensschäden ausgeschlossen.

© 2024 NEXT LEVEL Verlag,
NXT LVL GmbH, An der Dornwiese 2, 82166 Gräfelfing
www.next-level-verlag.de
Alle Rechte vorbehalten.
Lektorat: Christiane Otto, Rainer Weber
Korrektorat: Rainer Weber
Satz: inpunkt[w]o, Wilnsdorf (www.inpunktwo.de)
Umschlaggestaltung:
Druck: GGP Media GmbH, Pößneck
Printed in the EU
ISBN Print: 978-3-949458-88-0
ISBN E-Book (PDF): 978-3-949458-89-7
ISBN E-Book (EPUB, Mobi): 978-3-949458-90-3

Inhalt

Grenzenlos 7

Von verrückten Träumen und
großen Entscheidungen 9

Vorwort 17

Kapitel 1 — Du musst nicht die Person
bleiben, zu der sie dich gemacht haben! . . . 33

Beginn 2.0. 35
Warum begleiten uns immer so viele Ängste?. 37
Wer bestimmt den Sinn deines Lebens?. 40
Du musst egoistisch sein 44
Es ist nicht einfach. 45
Wo willst du in deinem Leben hin? 48
Fang an, dich neu zu erfinden. 49
Hast du bereits ein eigenes Business begonnen? 51
Der Inner Circle 53
Business braucht einen Ausgleich. 53
Überprüfe deine Motivation. 55
Learnings. 57
„Escape and Arrive"-Fragen. 58

Kapitel 2 — Erfolg ist mehr, als du denkst   59

Wie findest du die richtigen Steine für
deine persönlichen Säulen?. 66
Learnings. 72
„Escape and Arrive"-Fragen. 73

Kapitel 3 — Gesundheit — The most important thing

Kapitel 3 — Gesundheit — The most important thing **75**

Unsere persönlichen Erfahrungen.   78
Mentoren.   82
Regulation des Nervensystems   82
Ernährung – eine geschickte Marketing-Lüge und
wie ich voll darauf reinfiel.   89
Sport.   94
Routinen und Gewohnheiten   97
Learnings.   100
„Escape and Arrive"-Fragen.   101

Kapitel 4 — Spiritualität — Finde dein magisches Ich

Kapitel 4 — Spiritualität — Finde dein magisches Ich **103**

Unser Weg zur Spiritualität   108
Routinen und Bewusstsein   113
Breathwork.   116
Human Design.   121
Learnings.   132
„Escape and Arrive"-Fragen.   133

Kapitel 5 — Business — Let's talk money!

Kapitel 5 — Business — Let's talk money! **135**

Bist du der Sklave deines eigenen Business?   143
Cashflow-Quadrant   147
Business ist nicht gleich Business.   150
Unternehmensvision   155
Unternehmenswerte   158
Retrospektive.   162
Organigramm der Zukunft   164
Automatisierung   167

Mitarbeitergewinnung.................................... 169
Learnings... 173
„Escape and Arrive"-Fragen............................. 174

Kapitel 6 — Familie und Freunde — Fluch und Segen zugleich 177

Familie ist Definitionssache............................. 183
Veränderungen 186
Der Feind im eigenen Bett.............................. 192
Der richtige Zeitpunkt für Familie 200
Familie gründen... 205
Pyramide: 4 levels of why............................... 206
Ehepartner und Businesspartner........................ 209
Hindernisse oder Ausreden............................. 212
Learnings... 215
„Escape and Arrive"-Fragen............................. 216

Nachwort — Dein neues Leben wartet auf dich 217

Case Studies 229

Von der Influencer-Mama zur erfolgreichen Unternehmerin... 229
Digitale Transformation: AcadeMEs Aufstieg zu
260 000 Euro Umsatz durch Webinare................... 236
Janas und Sarahs Durchbruch von Selbstständigen
zu visionären Unternehmerinnen mit 35 000 Euro
Monatsgewinn.. 238

Grenzenlos

„Die zwei wichtigsten Tage in deinem Leben sind der Tag, an dem du geboren wurdest, und der Tag, an dem du herausfindest, warum."

MARK TWAIN

Das hier ist für dich, Mylo ...

Jedes Buch dieser Welt hat irgendwo seinen Entstehungspunkt, so auch dieses.

Es wäre niemals entstanden, wenn es diesen besagten Moment nicht gegeben hätte: Es ist August 2022. Ich bereitete das Frühstück vor, als deine Mama mir mit wässrigen Augen entgegenkam. „Schatz, du wirst Papa!", brachte sie mit zittriger Stimme heraus und hielt mir einen Schwangerschaftstest vor die Nase.

Ich bin unglaublich dankbar für diesen Augenblick. In stürmischen Momenten gibt er mir sehr viel Kraft. Seit jenem Tag hat sich vieles in unserem Leben zum Positiven verändert, und wir durften das echte „Warum" hinter all dem kennenlernen, was wir heute tun.

Lieber Mylo, während ich diese Zeilen schreibe, genießen wir die unglaublichen Farben des Meers hier auf den Malediven. Es ist der letzte Urlaub ohne dich. Du bist dabei, aber eben noch in Mamas Bauch.

Wir freuen uns schon, dir so viel wie möglich von der Welt zeigen zu können.

Du kleines Wunder warst der Grund, warum deine Mama und ich endlich dieses Buch geschrieben haben. Ein richtiges Buch, Worte, gedruckt auf Papier. Seitdem klar ist, dass du in unser Leben kommen wirst, wissen wir, warum wir jeden Tag alles geben, um ein erfülltes, glückliches, nachhaltiges, gesundes, finanziell und geografisch freies Leben zu leben. Das alles wollen wir dir bieten.

Durch dich haben wir erfahren, was Liebe wirklich bedeutet und wie bedingungslos sie sein kann. Wenn du auf diese Welt kommst, bist du wie ein weißes Blatt Papier – völlig unbeschmutzt, unvoreingenommen und grenzenlos offen für jede Entwicklung.

Du wirst lernen, du wirst träumen, du wirst grenzenlos denken, du wirst lieben, du wirst alles ausprobieren wollen, du wirst frei von Limitierungen sein und die Welt wird dir offenstehen.

Deine Mama und ich, wir haben einander versprochen, dir eine Welt zu zeigen, in der du grenzenlos sein kannst. Jede Limitierung entsteht in unserem Kopf und kann auch in unserem Kopf wieder gelöst werden. Du wirst irgendwann diese Zeilen lesen und verstehen, warum wir dich genauso erzogen haben, wie wir dich erzogen haben. Warum wir die Dinge genauso sagen, wie wir sie sagen, und du wirst erst dann verstehen, warum du wirklich grenzenlos bist. Weit weg von gesellschaftlichen Zwängen, weit weg von Normen, die andere als richtig empfinden.

Wir als deine Eltern wünschen uns für dich, dass du glücklich bist, mit dem, was du tust. Handle niemals aus Zwang oder falschem Pflichtbewusstsein. Bleibe der Vision deines Lebens treu. Und lass dich von niemandem limitieren. Gib auf dich acht. Oder so wie mein Papa, also dein Opa, es sagen würde: „Ein bisschen von deiner Zeit nimm auch für dich." Vergiss dich also nicht selbst auf dieser spannenden Reise, die sich Leben nennt.

Mylo, du bist grenzenlos und kannst alles schaffen!

In Liebe
Mama und Papa

Von verrückten Träumen und großen Entscheidungen

... wer erinnert sich daran, was am Sonntag, dem 14. Juli 2014, um 23:25 Uhr geschah? Stimmt, da war doch was: Ein junger Kicker namens Mario Götze erzielt im Endspiel gegen Argentinien mit einem fast künstlerischen Treffer das ersehnte 1:0 und wenige Minuten später ist Deutschland Fußballweltmeister.

Weniger als 90 Minuten vorher landet ein junger Mann namens Tayler mit einem One-Way-Ticket auf dem Dubai International Airport, um seine eigene große Reise zu beginnen. Obwohl er großer Fußballfan ist, musste er an diesem Tag fliegen, denn am Montag war sein erster Arbeitstag im „Fairmont The Palm"-Hotel und er war bereit – egal ob Fußball oder nicht – in sein Abenteuer in den weit entfernten Emiraten einzutauchen, fernab von seinem sozialen Umfeld, Freunden und Familie.

Fast genau zehn Jahre später habe ich die Ehre als Vater von Tayler und als „väterlicher Freund" von Anika (ihr Papa ist viel zu früh von uns gegangen) das Vorwort zu ihrem gemeinsamen Buch zu schreiben. Ein Buch mit gerade mal 30 Jahren? Macht man dies nicht eher im höheren Alter als Retroperspektive auf ein erfolgreiches und glückliches Leben? Nein, dieses Buch dreht sich um das Thema „Escape and Arrive", also darum, den Mut zu haben, aus vorgegebenen Leitplanken auszubrechen, Neues zu wagen, Niederlagen einzustecken und zu verarbeiten, um dann noch zielgerichteter seinen Weg zu gehen. Aber es handelt auch vom Ankommen, sein Zuhause zu finden, Erfolge zu feiern und zu teilen und mit seinem Partner Momente für die Ewigkeit zu schaffen. Dabei aber immer auf dem Boden zu bleiben und Respekt für das Erreichte zu zollen.

Taylers erste große Entscheidung (rückblickend würde man es auch als sein erstes „Escape-Ereignis" bezeichnen), traf er 2008 im zarten Alter von 14 Jahren, als er sein sozial gesichertes Umfeld in Hessen verließ, um im beschaulichen Bad Neuenahr seinen Schulabschluss zu machen. Obwohl das Thema Schule nicht ganz oben auf seiner Prioritätenliste stand, schaffte er es, sich im neuen Umfeld durchzusetzen und einen sehr passablen Abschluss abzuliefern.

Nun galt es, gemeinsam die berufliche Zukunft zu diskutieren und eine weitere Entscheidung zu treffen. Da Tayler sich weder handwerklich noch künstlerisch hervortat, entschieden wir uns für die Ausbildung zum Hotelkaufmann, vor allem weil er eine sehr gesunde soziale Einstellung hatte und eine besondere Gabe zu sprechen, zu reden und zu überzeugen. Schon als kleines Kind im Alter von sechs bis acht Jahren fiel dies auf und konnte nur dahingehend gestoppt werden, indem er 50 Pfennig bekam, wenn er mal fünf Minuten den Mund hielt.

Ausgezogen mit 17 Jahren, genoss er seine Ausbildung in Köln und lernte sehr schnell Kontakte zu knüpfen, zu pflegen und zu nutzen (heutiges Networking). Er verkaufte nebenbei noch Versicherungen, um die Differenz des kargen Azubi-Gehalts und der hohen Preise des Kölner Klublebens auszugleichen. Fleißig und zielstrebig sind die passenden Attribute.

Was ich an Tayler schätze, ist die Tatsache, dass wir viele richtungsweisende Entscheidungen nach langen Diskussionen und – oft auch – mit gegenteiligen Meinungen gemeinsam getroffen haben, sei es beruflicher, unternehmerischer Art oder auch im familiären Bereich. Wichtig im Leben ist es, Entscheidungen überhaupt zu treffen, statt dauernd zu hadern. Diese können gerne falsch sein, aber aus jeder Fehlentscheidung lernt man dazu. Dann geht man eben einen Schritt zurück, um Anlauf für die neue Richtung zu nehmen.

Angekommen in Dubai dauerte es nicht lange, bis der erste Hilfe-ruf von Tayler kam. Untergebracht sind die meisten Hotelangestellten aus aller Herren Länder in Dubai in sogenannten „Labour Camps", was sich als Gemeinschaftsunterkünfte entpuppte. Sein Zimmer war neun Quadratmeter „groß" und er teilte es mit einem Arbeitskollegen. Für einen jungen Mann, der mit 17 auszog, in Köln seine ersten eigenen vier Wänden sein Zuhause nennen durfte, ein echtes „Down-grade". Zumal das Labour Camp nicht im Herzen der Stadt, sondern weit außerhalb des Glitzers und Prunks von Dubai war. Geduscht wurde in Gemeinschaftsbädern und die Verpflegung im Campus war grenzwertig, aber zumindest nahrhaft und erdend. Die Fotos, die Tayler mir damals sendete, ließen mich erstarren und mich fra-gen, wo er hier wohl reingerutscht war.

Tayler lernte schnell. Was für uns Selbstverständlichkeiten sind, ist für Menschen aus den ärmeren Teilen dieser Welt Luxus: Wir drehen den Wasserhahn auf und es kommt Wasser und es ist auch noch warm. Wir drücken den Lichtschalter und es wird hell. Und vor allem: Es gibt jeden Tag etwas zu essen. Es ist immer die Betrachtungsweise des Menschen, daher bewahrt euch den Respekt vor den Selbstverständlichkeiten. Wer einmal von heute auf morgen von Strom und Wasser abgeschnitten wird, lernt diese Selbstverständlichkeit zu schätzen. Willkommen im Ahrtal, deren Bewohner, wie wir selbst, erst mal wieder erlernen mussten, zwei Wochen lang von den Grundnotwendigkeiten mitten im Sommer 2021 abgeschnitten zu sein.

Im Sommer 2016 konfrontierte mich Tayler mit einer neuen Idee: Network-Marketing. Lange hielt er es geheim, denn er wusste, wie anfänglich skeptisch ich diesem Thema begegnen würde. Eltern finden das Thema nicht so prickelnd, weil sie gleich an Schnee-ballsysteme und „Ponzi schemes" denken, aber gut: „Lassen wir uns mal darauf ein!" – dachte ich mir.

Ich machte also meine „Due Diligence" über die Firma, deren Produkte und Geschäftsmodell und dies mündete im Dezember

2016 in einem gemeinsamen „Facebook Live"-Gespräch mit dem Thema „How to tell my parents?". Bis kurz vorher war mir überhaupt nicht klar, was ein „FB Live" ist, noch wusste ich um die Macht der Viralität. Dieses Video wurde zehntausendfach geliked und geteilt. Spätestens als sich die Geschäftsführung des Unternehmens aus den USA meldete und mir für diese Unterstützung dankte, merkte ich, welchen Einfluss Social Media in der Zukunft haben werden.

Was mich aber traurig gestimmt hat, war, dass ich viele Nachrichten junger Menschen bekommen habe, die sich wahnsinnig gefreut haben, dass endlich mal ein Elternteil den Weg der Kinder unterstützt. Was wohl – und da sind wir wieder – keine Selbstverständlichkeit ist. Ich persönlich glaube, dass es unsere Aufgabe ist als Eltern, unseren Kindern auf dem Weg zum Erwachsenwerden Werte mitzugeben wie zum Beispiel Toleranz, Respekt, Rücksicht, Ehrlichkeit, Wertschätzung und noch so vieles mehr. ABER – liebe Eltern: Irgendwann kommt der Zeitpunkt, wo wir von unseren Kindern lernen, die uns dann ihre Welt erklären, und da sollten wir genau zuhören, damit wir mit unseren Kindern auf Augenhöhe sind. Was absolut nicht geht: „Früher war alles anders" und/oder „Früher war alles besser". Höre deinen Kindern zu, sei bereit, deine eigene Lernkurve zu steigern und sei einfach offen für Neues. Nur durch eure Kinder werdet ihr die zukünftige Welt verstehen. Seid dankbar, dass sie euch diese erklären!

„Challenge accepted": Kurze Zeit vor Taylers Abflug nach Dubai im Juli 2014 hatten sich die Arbeitskollegen Anika und Tayler ineinander verliebt. Dies musste allerdings erst mal aus verschiedenen Gründen geheim gehalten werden und war auch mir nicht bekannt. Festangestellter und Auszubildende als Paar wurde damals schon nicht gerne gesehen. Aber nachdem Anika ihre Ausbildung als Hotelkauffrau beendet hatte, konnten die beiden sich endlich in Dubai im Jahr 2016 in die Arme schließen und ihre gemeinsame Zukunft planen. Achtung: Das waren knapp zweieinhalb Jahre Fernbeziehung. Papa Schweigerts Einstellung: „Wenn es bis dahin hält, dann für immer ..." Sollte Papa recht behalten?

Nachdem Anika eine Ausbildung als Flugbegleiterin bei Emirates durchlaufen hatte, aber nur noch durch die Welt jettete und schon wieder eine Fernbeziehung entstanden war, obwohl man in Dubai eigentlich zusammen leben wollte, kam der bahnbrechende Entschluss: Ab heute gehen wir den Weg gemeinsam! Es ist der 8. Januar 2018 und „LoveLifePassport" ist – zunächst als Travelblogger-Projekt – geboren: Die jungen Verliebten Anika und Tayler gehen fortan ihren ganz eigenen gemeinsamen Weg zusammen. Sie hatten den Mut und die Neugierde, Eigenes und Neues auszuprobieren!

Ich habe von Taylers Mama Melanie ein wunderbares Credo gelernt: „Better to have tried and failed than to have never tried at all." Denkt genau an dieser Stelle nach: Wir haben nur ein Leben und wir sollten alles versuchen, um glücklich zu werden. Dazu gehört aber auch, mal über den Tellerrand hinauszuschauen oder auch den eigenen Horizont zu erweitern. Aber vor allem gilt eines: Probiert Alternativen, schaut euch in der Welt um und sammelt Erfahrungen! Genau hier setzt „Escape and Arrive" an. Es geht um dich, deine Zukunft und den Weitblick, mehr vom Leben erwarten zu dürfen und sich dafür nicht schlecht zu fühlen.

Ich habe dies Tayler und meinen weiteren vier Kindern mit auf den Weg gegeben und werde es auch sicher meinen zwei Enkelkindern mitgeben. Ihr seid jung, und ihr habt die Energie und Selbstdisziplin, um eure eigenen von euch definierten Ziele zu erreichen, fernab von den vorformulierten Konzernrichtlinien. Probiert euren Weg, habt Mut, sammelt Erfahrungen. Nur darum geht es!

Tayler und Anika sind „angekommen"! Sie haben ihr Zuhause gefunden, gemeinsam ein Haus gebaut und durften glückliche Eltern werden. Ihre Reise hat zehn Jahre gedauert, eine Dekade, die geprägt war von Abenteuern, Erfolgen, Erfahrungen und Emotionen, aber auch von Niederlagen. Wir wachsen an unseren Aufgaben und für eine Korrektur auf der Reise ist es nie zu spät. Wichtig ist

Probiert euren Weg,
habt Mut,
sammelt
Erfahrungen.

immer nur, die von euch bestimmten Ziele und den Weg dorthin nicht aus den Augen zu verlieren.

Ich wünsche euch, liebe Lesende, dass ihr dieses Buch aufsaugt, es nicht zum Staubfresser werden lasst, und dass ihr ab und zu an die Zeilen hier denkt. Ich kann euch mit heute 62 Jahren sagen, das Leben kann unglaublich spannend sein, wenn ihr es nur zulasst. Lasst euch treiben, nehmt die Energie auf und setzt, wie Anika und Tayler immer wieder sagen, gnadenlos eure Vorhaben um, bis ihr eure Ziele erreicht habt. In diesem Buch findet ihr nicht einfach eine Anleitung zur finanziellen Freiheit. Ihr findet viel mehr. Ihr findet euren Weg, um glücklich zu sein, mit dem, was ihr tut.

In diesem Sinne danke ich Anika und Tayler, dass ich auf diesem Weg bis zum heutigen Tage mitgenommen wurde, und freue mich darauf, täglich Neues zu erfahren. Unsere Lernkurve – egal welches Alter man hat – sollte stets nach oben zeigen.

In diesem Sinne,

euer Papa und väterlicher Freund
Totti

Vorwort

Tayler

Verdammt, ich will da nur noch raus. Wie konnte ich so dumm sein, alles zu packen und nach Dubai zu ziehen? Jetzt sitze ich hier mit einem Arbeitskollegen auf neun Quadratmetern. Der Geruch der Toiletten brennt sich schon durch die Fugen. Kein Wunder bei sechs Toiletten auf 180 Personen. Vom Essen schweige ich besser. Und doch war das eine der besten Entscheidungen in meinem Leben.

Ich musste Deutschland verlassen, es ging nicht anders. Ja, ich habe kein Abitur. Und wenn schon. Aber leider hat das deutsche Arbeitssystem eine andere Einstellung zu diesen Dingen, als ich sie habe. Da zählt nicht, welche Leistung du zeigst und welche Kompetenzen du in die Arbeit einbringst. Es zählt nur, was auf dem Papier steht. Und wie viele, die einen Master in BWL haben, haben vom Business einfach keinen Schimmer? – Die meisten. Sonst wären viel mehr von denen erfolgreiche Unternehmer geworden.

Schon in der Schule war es so. Ich war auf einem Gymnasium, und ich sollte das Abitur machen. Tja, das hat wohl nicht so gut zu mir gepasst. Auch wenn meine Mitschüler mich damals als „dumm" abgestempelt haben, da ich zweimal sitzen geblieben bin, habe ich jetzt ein eigenes, sehr erfolgreiches Business mit der tollsten Frau der Welt aufgebaut. „Not to brag, but to show what's possible" – sagen die Amerikaner. Wenn du diese Zeilen liest, möchte ich keinen virtuellen Applaus und auch kein „Wow, toll gemacht!" – mir geht es um etwas anderes. Ich bin stolz auf das, was wir erreicht haben, und ich darf das laut aussprechen. Arrogant? Keineswegs. Selbstbewusstsein wird oft mit Arroganz verwechselt. Wir leben in einer selbst gebauten Villa auf der indonesischen Insel Lombok – ein

Paradies, ein Traum, unsere Heimat. Und das Wichtigste: Ich bin frei und glücklich. Du bist zum Nachmachen eingeladen. Was wohl die Vorzeigeschüler vom Gymnasium aus ihrem Leben gemacht haben? Darum soll es hier nicht gehen, und doch geht es in diesem Buch um die Symptomträger im System.

Zurück nach Dubai.

Ich war gerade mal 21 Jahre und bin im Alleingang in die Vereinigten Arabischen Emirate gezogen – ohne Anika. Wir kannten uns erst eine kurze Zeit, und als ich plötzlich wegzog, waren wir erst neun Tage zusammen. Keiner unserer Freunde glaubte an Anika und mich. Wie auch? Die meisten Menschen, die wir kannten, hielten nicht mal eine „Fernbeziehung" zwischen Köln und Düsseldorf aufrecht. Für die Nicht-Rheinländer: Das sind 34 Kilometer.

Ich war so euphorisch, einen Job bekommen zu haben, dass ich am Telefon sofort zugesagt habe, ohne den Vertrag überhaupt zu lesen. Dieser Job war eigentlich nicht der, den ich haben wollte. Es war ein Alternativangebot, aber wenn man 84 Absagen bereits in der Tasche hat, reagiert man nicht immer logisch und rational. Ich hatte das Gefühl, den letzten Strohhalm greifen zu müssen. Erstaunliche 100 Prozent meiner Bewerbungen, die ich in die Welt geschickt habe, wurden abgelehnt. Das muss man erst mal toppen. Dubai war mein Strohhalm. In den Emiraten aber schien es so, als ob es keine Strohhalme mehr gäbe. Und damals waren sie sogar noch aus Plastik. Es lief einiges schief, und nach zwei Wochen war ich bereit, alles hinzuschmeißen. Ich hatte das Gefühl, die folgenschwerste Entscheidung meines Lebens getroffen zu haben. Ich kündigte meinen sicheren, unbefristeten Vertrag in einem der besten Business-Hotels Deutschlands, verließ die beste Stadt der Welt, und meine Freundin Anika hatte mindestens noch zweieinhalb Jahre Studium vor sich. Auswandern war wohl doch nicht so einfach, wie ich es vorher gegoogelt hatte. Ich bin bereits 2014 ausgewandert, weit bevor es „cool" war, in Dubai zu leben. Ich bin nicht gegangen, weil ich in dieser Glitzermetropole schnelle Autos fahren wollte. Wie auch, mit 600 US-Dollar Gehalt? Ich bin gegangen, weil das System in Deutschland für mich die Definition des persönlichen Scheiterns war. Ich wollte lieber alles verlieren, wegziehen und neustarten, statt in einem System zu bleiben, welches mich zu einem „Ja-Sager" erzieht, keine Perspektiven aufzeigt und mir jeden Tag den Hals mehr zuschnürte. Versteh mich bitte nicht falsch. Ich bin meinen Eltern sehr dankbar, dass ich in Deutschland geboren und aufgewachsen bin, weit weg von Verfolgung, politischen Unruhen und Krieg. Und gleichzeitig musste ich für mich erkennen, dass ich in diesem Land untergehen werde, wenn ich dort weiter bleibe. Ich passe nicht in ein solches System. Ich bin ein „Querdenker" (nein, nicht politisch gesehen), also einfach jemand, der mehr vom Leben möchte, statt den Status quo zu akzeptieren, und dafür lasse ich mich nicht verurteilen und schon gar nicht kleinhalten.

Folgende Aussage meines Vaters schallt noch heute in meinen Ohren nach: „Ich unterstütze dich, wenn du zurückkommen möchtest. Du bist Hotelfachmann, und du wirst bestimmt wieder einen klasse Job in Deutschland finden. Vergiss aber bitte eines nicht: So wie du jetzt entscheiden wirst, wirst du in deinem Leben immer wieder entscheiden, wenn es zu schwierigen Situationen kommt." Fuck. Er hatte recht.

Es war Zeit, mein Glück und meinen Erfolg selbst anzupacken und nicht aufzugeben. Ich habe einfach Gas gegeben und das getan, was ich am besten kann. So viele Charaktere habe ich auf dem Weg kennengelernt. Der nächste Job stand dann per Zufall auch schon in der Lobby, direkt vor meinem Schreibtisch. Durch ein Gespräch mit einer TUI-Mitarbeiterin erfuhr ich, dass sie einen Nachfolger für ihren Posten suchte. An dieser Stelle: Danke Lena, dass du mir damals alle Fragen beantwortet hast. Hätten wir uns nicht kennengelernt, wäre ich wohl immer noch in der Lobby des „Fairmont The Palm".

Der Drucker konnte nicht so schnell drucken, wie ich den Lebenslauf Lena geben wollte. Das war mein Ticket, meine nächste Stufe. Es war kein Traumjob, doch ich konnte mir eine Wohnung

Es ist Zeit,
mein Glück und
meinen Erfolg
selbst anzupacken
und nicht
aufzugeben.

leisten, und endlich hatte ich mehr Zeit zum Durchatmen. Meine Möglichkeiten konnte ich für mich jetzt besser erkennen. Bei TUI war ich im Außendienst tätig und konnte mir die Arbeitszeit frei einteilen.

Da wuchs der Gedanke zum ersten Mal in mir: Was ist, wenn ich mir die Zeit immer frei einteilen könnte? Wenn ich das machen könnte, worauf ich Bock habe? Dann würde ich die ganze Zeit nur arbeiten.

Eine Facebook-Nachricht brachte mich dann zu meiner ersten selbstständigen Tätigkeit.

Meine Auftraggeber bauten einen Vertrieb im Bereich Network-Marketing auf. Das war meine Ticket raus aus meinem Job, rein in die spannende Welt der Selbstständigkeit.

14 Monate blieb ich parallel noch bei TUI, dann habe ich den Job an den Nagel gehängt und mich nur auf meine Selbstständigkeit im Network-Marketing konzentriert. Nach dreieinhalb Jahren habe ich in diesem Unternehmen die höchste Position erreicht. Mit dem Erreichen dieses großen Ziels wurde mir eins aber glasklar: Erfüllung ist all das nicht mehr. Dieser Erfolg hatte nichts mit Eigenverantwortung, Freiheit und Unternehmertum zu tun. Ich war ein Sklave (wenn auch ein gut bezahlter) eines amerikanischen Unternehmens und musste mich Diskussionen stellen, die ich so nie führen wollte.

„Aufhören, wenn es am schönsten ist" – eine so tolle, romantische Vorstellung. Ich musste aufhören, weil ich dreieinhalb Jahre mein Leben, Tränen, Blut und Schweiß gegeben hatte und mein Körper mir klar sagte: „Its time!"

Anika und ich führten zu der Zeit eine Fernbeziehung. Und unsere Leben hatten sich in zwei unterschiedliche Richtungen entwickelt ...

Anika

Was für ein arrogantes Arschloch!

Das war mein erster Eindruck von meinem heutigen Ehemann und Papa meines Sohnes, als ich ihn an meinem ersten Arbeitstag in der Lobby des Kölner Marriott-Hotels das erste Mal gesehen habe. An meinem zweiten Arbeitstag ist er mir dann „rein zufällig" mehrere Male über den Weg gelaufen – auf dem Weg zum Zimmer eines Gastes, vor der Umkleidekabine, auf meinem Weg nach Hause. Und als ich gerade meine Wohnung betreten hatte, erwartete mich bereits eine Nachricht auf Facebook von ihm. Und nun ja, was soll ich sagen? Dieser Mann wusste genau, wie er mich um den Finger wickeln konnte.

Wir hatten uns gerade füreinander entschieden, als er ein paar Tage später auch schon das Land verließ. Erwartet habe ich nicht, dass eine Fernbeziehung funktioniert. Ich habe erwartet, dass es sich verläuft – aus den Augen, aus dem Sinn. Für mich stand nämlich fest, dass ich Deutschland nicht so kurzerhand verlassen werde. Gerade erst hatte mein duales Studium begonnen. Und mein Studium, das stand fest, würde ich nicht hinwerfen. Es lagen also mindestens zweieinhalb Jahre Fernbeziehung vor uns. Herrje!

Mein Bekanntenkreis stand unserer Beziehung auch nicht sehr enthusiastisch gegenüber. Aufmunternde Worte wie „Die Liebe überwindet alle Distanzen" waren Fehlanzeige. Glaubt denn keiner mehr an die wahre Liebe, die auch solche Hindernisse überwinden kann? Sicher war es für uns eine taffe Zeit. Tayler erlebte so viel Neues und Aufregendes in der Welt, und ich blieb irgendwie in Deutschland zurück. Köln war schön, aber im Vergleich zu all den aufregenden Geschichten, die Tayler zu erzählen hatte, war mein Leben dort ziemlich langweilig.

Auch wenn andere nicht an uns geglaubt haben, haben wir an uns selbst geglaubt. Es war eine knallharte Zeit und in vielen Momenten wollten wir beide alles hinwerfen. Zu tief saß der Schmerz und zu groß war die Sehnsucht nach dem anderen.

Von Anfang an haben wir uns Ziele und Deadlines gesetzt und die entscheidendste Veränderung fand einen Tag nach meiner Bachelor-Feier statt. Da bin ich nach Dubai ausgewandert, um mit Tayler zusammen zu sein. Viele Skeptiker haben vorher ihre Meinung zu diesem Schritt geäußert.

Für mich hat sich nichts geändert: Mein Ziel war Tayler.

In meinem Leben wollte ich immer viel reisen, und ich habe die Chance ergriffen, meinen Wunsch aktiv anzupacken. Ich begann, als Cabin-Crew bei Emirates zu arbeiten. So viele unterschiedliche Länder hätte ich nie in meinem Leben bereist, hätte ich diesen Job nicht gemacht. Der Job schien zuerst ein wahrer Traum zu sein.

Schlussendlich habe ich aber gemerkt, dass er mich fertiggemacht hat. Mein Körper hatte mit unzähligen Symptomen zu kämpfen: Ich war ständig krank, Bauchschmerzen, Übelkeit – das war kein Zustand mehr. Der ständige Wechsel der Zeitzonen, Schichtarbeit, ein Leben ohne Rhythmus. Es hat sich alles nur noch um den Job gedreht. Zudem musste ich mich tagein, tagaus mit respektlosen Passagieren rumschlagen. Ich hatte manchmal das Gefühl, dass Menschen jeglichen Anstand und Respekt am Check-in-Schalter zurücklassen und nicht mit auf die Reise nehmen. Wow, ich könnte Geschichten erzählen, die würde mir niemand glauben. Als ich dann auch noch Heiligabend an den Nagel hängen musste, weil ich durch eine Last-Minute-Dienstplanänderung nach Großbritannien fliegen sollte, habe ich die Notbremse gezogen. „Nächstes Weihnachten arbeite ich nicht mehr hier, das schwöre ich", sagte ich zu Tayler.

Als Tayler selbstständig im Network-Marketing seinen Träumen hinterherjagte, startete er eine enorme Persönlichkeitsentwicklung. Er war auf vielen Events, hat neue Leute kennengelernt und er hatte ein komplett anderes Umfeld als ich.

Ich wiederum war in meinem Emirates-Job gefangen. Ja, wir hatten uns in unterschiedliche Richtungen entwickelt.

Es musste eine Lösung her. Klassisch mit Papier und Stift haben wir notiert, was unsere Wünsche und Ziele für die Zukunft sind. Wir wollten etwas zusammen machen, ein gemeinsames Business. Doch uns wurde bewusst, dass wir unterschiedliche Stärken und Wünsche haben, deshalb suchten wir nach einer Schnittmenge. Auf Reisen zu gehen, schien die perfekte Idee für uns beide zu sein – was man daraus machen könnte, kein Plan!

Damit Tayler und ich mehr Zeit miteinander verbringen konnten, flog er des Öfteren mit mir mit, wenn ich spannende Destinationen auf meinem Dienstplan hatte, und wir erkundeten zusammen die Welt. Während solcher Stopps begannen wir, unsere Pläne für die Zukunft zu schmieden, Ideen zu sammeln und von Veränderungen zu träumen. Wir tüftelten an einem gemeinsamen Business. Uns kam die Idee, unsere Reisen zu dokumentieren und damit etwas Geld zu machen. Wir begannen mit YouTube-Videos, aber das ging total in die Hose. Nach sechs Monaten und einigen kleinen Vlogs, die wir produziert hatten, hatten wir gnadenlose zehn Subscriber.

YouTube war für uns nicht das richtige Portal. Tayler war eher der Facebook-User und ich nutzte Instagram. Ich überzeugte Tayler davon, Instagram zu testen. Die Umsetzung lief auf dieser Plattform eindeutig besser. Wir hatten gerade mal die ersten 300 Follower geknackt und zack kamen auch schon die ersten „großen Werbedeals". Du wirst lachen, aber die ersten zwei Werbedeals waren zum einen für eine Firma, die Cookies verkaufte, und die andere Firma verkaufte lustige Socken mit witzigen Bildern. Das war nicht gerade der Knaller für unsere Karriere, aber immerhin eine tolle Erinnerung, die uns noch heute zum Lachen bringt. Die Erfahrung war es am Ende wert, denn wir waren uns schließlich sicher: Wir wollen keine Influencer werden.

Damals war der Begriff „Influencer" noch recht neu und keiner konnte damit wirklich etwas anfangen. Wir aber haben für uns festgestellt, wir werden keine Litfaßsäulen für Marken verschiedenster Arten sein. Warum sollten wir unsere hart erarbeitete Community mit Produkten blenden, die nun wirklich keiner brauchte?

Du glaubst, wir haben durch den Cookie- und Sockendeal Geld erhalten? Nein, unsere gerade mal 300 Follower waren kostenlose Cookies und Socken wert – that's it.

Im Sommer 2017, ein halbes Jahr bevor wir auf Instagram starteten, begleitete Tayler mich auf dem damals längsten Flug der Welt: von Dubai nach Auckland und wieder zurück. 18,5 Stunden Flug, One Way, und drei Tage Aufenthalt in Neuseeland. Der Jetlag hatte uns ganz schön zu schaffen gemacht und es war einer dieser Abende, die wir alle kennen. Wir beide konnten nicht schlafen und schauten uns völlig sinnfreie YouTube-Videos an. Ein deutsches Paar hatte es uns angetan, das auf YouTube seinen Alltag dokumentierte. Die Videos waren weder gut noch hochwertig geschnitten, ein Drehbuch gab es auch nicht und dennoch war es unterhaltend. Tayler googelte aus Spaß, was die beiden durch diesen YouTube-Account verdienten, und fiel aus allen Wolken. Er sagte zu mir: „Das, was die beiden machen, das können wir auch!"

Tayler war Feuer und Flamme und konnte sich gar nicht mehr beruhigen. Wir setzten uns hin und überlegten einen coolen Namen für unseren neuen Kanal und irgendwie brauchte es etwas, was uns beide verband. Es waren jene drei Worte, die Tayler und mich perfekt definieren.

Love stand für die Liebe, die wir füreinander empfinden.

Life stand für den Lifestyle, den wir uns vorstellen und erreichen wollten. Passport sollte ein Synonym für Reisen sein, denn das war für uns pure Freiheit. Et voilà! „Lovelifepassport" war geboren!

Keine 20 Minuten später beauftragten wir einen Logodesigner auf Fiverr und für 5 Dollar bekamen wir das erste Lovelifepassport-Logo, welches uns die ersten drei Jahre begleitete.

Wer hätte gedacht, dass daraus dieses Unternehmen werden würde, in dem wir derzeit über 36 Mitarbeiter beschäftigen, tausende von Kunden erfolgreich auf ihrer „Escape and Arrive"-Reise begleitet haben und letztlich Anlaufstelle für alle Menschen sind, die mehr vom Leben wollen.

Lovelifepassport ist nicht einfach nur ein Instagram-Kanal oder „Noch so eine Coaching-Plattform" – Lovelifepassport bietet dir eine echte Gemeinschaft von Menschen, die mehr vom Leben wollen, sich gegenseitig ermutigen und sich ein nachhaltiges Online-Remote-Business aufbauen wollen mit dem Ziel finanzieller und geografischer Freiheit. Wir haben es vorgemacht, du kannst es nun nachmachen!

Anika und Tayler

Wir beide haben unsere eigene Aufgabe in diesem Business gefunden, Anika im Bereich Content-Creation und Tayler im Online-Marketing. Eineinhalb Jahre lang haben wir Gas gegeben, um uns auf Instagram zu etablieren.

Nach unserem ersten Webinar waren wir so erstaunt, dass wir damit Geld verdienen können, dass Anika dann auch endlich ihren Job bei Emirates hingeschmissen hat. Wir waren voller Hoffnung, dass sich eine neue Tür für uns öffnet, wenn wir diesen Schritt jetzt wagen und Lovelifepassport mit aller Kraft anpacken. Ohne Angst ging das nicht vonstatten, aber mutig sein bedeutet, den Schritt dennoch zu gehen. Einen sicheren Job aufzugeben, um gemeinsam etwas komplett Neues aufzubauen, war ein Wagnis, ein Abenteuer, der erste Schritt in unser unabhängiges Leben.

In der Umsetzung sah es dann so aus, dass wir jeden Tag von morgens bis in die Nacht gearbeitet haben. Wir haben an unseren ersten Online-Kursen gearbeitet. Und es kam dann auch der Punkt, an dem wir davon leben konnten. Unsere Einkünfte haben wir größtenteils im Unternehmen gelassen und uns selbst nur das

Nötigste zum Leben genommen. Gerade in dieser Phase unseres Business wurde uns klar, dass wir selbst auch ein Coaching benötigten. Wir haben uns nämlich ein eigenes Hamsterrad gebaut.

Um unser Ziel zu erreichen, brauchten wir Unterstützung von Menschen, die schon dort sind, wo wir hinwollten.

Diese Investition hat sich um ein Mehrfaches bezahlt gemacht. Wir investierten in Wissen und in Erfahrung. Und an Erfahrung kommst du nur heran, wenn du die richtigen Menschen kennst. Somit besuchten wir Messen und die unterschiedlichsten Events, um Kontakte zu knüpfen und zu lernen. Manchmal kamen wir uns wie Stalker vor, die alle Informationen über erfolgreiche Personen recherchieren. Das alles hat unser Business aber unheimlich gepusht. Doch unser Privatleben blieb im Laufe der Zeit auf der Strecke.

Wir mussten einen Ausgleich finden und unser Leben auch wieder auf die Bereiche ausweiten, die uns ebenso wichtig sind. Unser Ziel war und ist es, nicht nur im Business erfolgreich zu sein, sondern in allen Lebensbereichen.

Daher müssen wir dich auch enttäuschen, wenn du davon ausgegangen bist, dass es sich bei diesem Buch um einen Business-Ratgeber handelt. Dieses Buch soll nicht irgendeine Blaupause, kein Ratgeber oder noch so ein „Guru-Buch" sein. Auf den folgenden Seiten möchten wir dir viel mehr als das geben. Dieses Buch soll dein Diener sein, auf deiner ganz persönlichen Reise zu einem Leben in Freiheit und Selbstbestimmung. Das Leben besteht nun mal aus mehr als nur Arbeit. Das Business ist nur das Vehikel, um dir Freiheiten schaffen zu können, die du ohne finanzielles Polster nicht hättest. Und doch geht alles Hand in Hand – alle Lebensbereiche, die dir wichtig sind. Es steht uns nur ein Leben zur Verfügung, und genau das solltest du bewusst, ohne Limitierungen und glücklich verbringen können.

Unser Ziel mit diesem Buch ist es, so vielen Menschen wie nur möglich zu helfen, ein glückliches, selbstbestimmtes und erfülltes Leben zu führen, ohne Limitierungen, ohne Konditionierungen, die

Um unser Ziel zu erreichen, brauchten wir Unterstützung von Menschen, die schon dort sind, wo wir hinwollten.

sie bremsen. Wenn auch nur einer dieses Buch gelesen hat und es schafft, sein Leben so umzukrempeln, dass er im tiefsten Inneren glücklich ist, ... dann hat sich das Schreiben für uns gelohnt!

Also, wenn du dich jetzt getriggert fühlst, mit dem ersten Kapitel zu beginnen, dann möchten wir dir vorher noch ein paar Tipps an die Hand geben:

1. **Lies immer mit Stift:** Schnapp dir einen Textmarker und markiere die Stellen, die wichtig für dich sind. So häufig haben wir den Fehler gemacht, es nicht zu tun. Finde dann im Nachgang mal die richtige Passage. Du kannst es natürlich auch einfach mehrfach lesen.

2. **Hören statt lesen:** Es gibt sicherlich einige von euch, die ungern lesen, beziehungsweise einige von euch hätten sicherlich gerne die Audioversion dieses Buches, sodass man es auch beim Sport oder Autofahren hören kann. Falls du dir die Audioversion noch nicht gesichert hast, dann findest du sie genau hier:

3. **Sprich mit uns, arbeite mit uns:** Die mit Abstand schnellste Form der Entwicklung durften wir beide immer dann hinlegen, wenn wir uns professionelle Hilfe geholt haben. Mit professioneller Hilfe sind vor allem Menschen gemeint, die da sind, wo wir hinwollen. Sei es im geschäftlichen  Bereich, auf gesundheitlicher oder spiritueller Ebene. Immer dann, wenn wir in uns investiert haben, erhielten wir den größten ROI (Return on Investment). Wir haben dank unseres geschulten Teams aus Experten, unseren internen Coaches und unserer Community eine Struktur geschaffen, mit der wir die

bestmögliche Version deiner selbst aus dir herausholen. Scanne den obigen QR-Code und sichere dir eine kostenlose Erstberatung mit unseren Experten. Solltest du zum ersten Mal etwas von Persönlichkeitsentwicklung oder Coaching hören, dann bist du bei uns genauso richtig, als wenn du bereits ein bestehendes Geschäft hast und lernen möchtest, wie man sein Online-Business skaliert und in die Liga der Millionäre aufsteigt. Lass uns sprechen, und unsere Experten geben dir eine Einschätzung, ob und wie wir dir helfen können.

Du wirst in diesem Buch an einigen Stellen echt zu knabbern haben, denn wir werden dich hier nicht mit Samthandschuhen anfassen und darauf hoffen, dass du „vielleicht" irgendwas veränderst. Wenn du durch die ehrlichen Worte in diesem Buch uns erst mal nicht magst, das Buch in die Ecke feuerst und das Gefühl hast, dass sich dein Zorn erst mal entladen muss, dann tu das gerne gegen uns. Wir können das Ganze ab und wissen, wie es sich anfühlt, eiskalt die Wahrheit ins Gesicht gesagt zu bekommen. Die meisten Menschen, mit denen wir arbeiten, reagieren entweder mit Tränen oder blanker Wut. Aber sie alle wissen, dass wir recht haben mit dem, was wir sagen. Uns kannst du anlügen, aber wenn du in den Spiegel siehst, spürst du tief in deinem Herzen, dass da mehr in dir steckt als das, was dir von Freunden, Familie oder Chefs erzählt wurde.

Mit diesem Buch enttarnen wir gesellschaftliche Lügen, eliminieren Glaubenssätze und legen den Grundstein für ein neues Leben!

Let's do this!
Anika und Tayler

Kapitel 1

Du musst nicht die Person bleiben, zu der sie dich gemacht haben!

von Anika und Tayler

So wie du bist, bist du großartig.

Lass diesen Satz erstmal sacken, denn er ist wahr. Jedoch verspüren die meisten von uns ein Gefühl, das uns nicht mehr loslässt – den Drang nach mehr:

„Ich will mehr in meinem Leben."
„Ich will mehr spüren."
„Ich will mehr sein."
„Ich will hier raus."

Wenn diese Sätze schon länger in deinen Gedanken Pingpong spielen, dann ist es Zeit, etwas zu tun. Und sei dir gewiss: Du bist damit nicht alleine.

Ein Sammelsurium von Problemen hindert so viele Menschen daran, ein erfülltes und selbstbestimmtes Leben zu führen. In diesem Kapitel decken wir einige davon auf, mit denen wir selbst in den vergangenen Jahren zu kämpfen hatten. Wir möchten dir damit nicht nur Schwierigkeiten vor Augen führen, sondern deine Gedanken lösungsorientiert in eine andere Richtung lenken.

Beginn 2.0

So viele Menschen haben jeden Montag Bauchschmerzen, wenn die Arbeitswoche wieder beginnt. Es wird ein Brückenfest gefeiert, wenn der Mittwoch überstanden ist. Nach der Arbeit geht's nach Hause oder zum Fitness, danach auf die Couch, und am nächsten Tag beginnt alles von Neuem, bis der freudige Freitagnachmittag endlich da ist. Am Wochenende wird etwas gelebt und fleißig auf Social Media gepostet, so wie in den 30 Tagen Urlaub im Jahr.

„Ich will mehr in
meinem Leben."

„Ich will mehr spüren."

„Ich will mehr sein."

„Ich will hier raus."

Und der Begleiter auf jeder Station: das Leid. Manchmal klingt es, als wäre die Hölle bereits auf Erden, da sich die Menschen so unglaublich viel beschweren, über alles und jeden und vor allem ohne Grund. Das ist doch anstrengend und energiesaugend.

Wir können nicht immer etwas für die Situation, in der wir stecken, so wie wir nichts dafür können, wie wir aufgewachsen sind. Wofür wir jedoch die Verantwortung tragen, ist das Hier und Jetzt, was wiederum maßgeblich unsere Zukunft bestimmt.

Für eine Veränderung müssen wir auch mal den unangenehmen Weg gehen.

Leider machen das nur die wenigsten, gerade weil es so anstrengend ist. Es tut weh, neue Wege zu gehen, ganz besonders wenn du nicht weißt, wie der Boden beschaffen ist. Und du wirst dir bestimmt Blasen an den Füßen holen.

Aber noch einmal: So wie du bist, bist du großartig.

Und das Päckchen, das du mit dir trägst, gehört zu dir wie alle Schrammen, die deine Lebenserfahrungen hinterlassen haben. Trage sie wie Kampfmahle – hocherhobenen Hauptes, so wie Helden es tun. Denn du bist der Held in deiner eigenen Geschichte. Der Punkt ist nur, du musst diese Geschichte selbst schreiben. Das kann niemand für dich übernehmen. Und doch gibt es Möglichkeiten, wie wir dich unterstützen können, deinen Zielen näherzukommen.

Warum begleiten uns immer so viele Ängste?

Unser Verstand hat die Aufgabe, uns in Sicherheit zu wiegen. Er zeigt uns zuerst die Optionen auf, die uns bekannt sind und kein Risiko für uns beinhalten. Die Angst hindert uns daran, neue Wege zu gehen, Neues zu ergründen und auch Dinge kritisch zu hinter-

So wie du bist,
bist du großartig.

fragen. Sie hält uns schön weiter in Watte gepackt, damit wir sicher und wohlauf sind.

Ängste sind wichtig und richtig. Sie sorgen dafür, dass wir überleben. Zu viele Ängste und Sorgen hindern uns allerdings am Leben. Sie lösen Erstickungsgefühle in uns aus, die zweifelsohne niemand von uns fühlen möchte. Jedoch wird diese Grundemotion der Angst häufig missbraucht und geschürt durch unser Umfeld, um uns in bestimmte Sackgassen zu lenken. Wenn wir ängstlich sind, sind wir leichter zu manipulieren. Angst ist ein Businesskonzept, das von Freunden, manchmal sogar von der Familie und Verwandten und besonders von der Politik gezielt eingesetzt wird. Denn Angst bringt ordentlich Cash.

Oder warum haben wir in Deutschland für alles und jeden Fall eine Versicherung? Die Sorge wird im Verkaufsgespräch erst hervorgerufen und dann durch ein Produkt wieder gelöst. Das geschieht in der Werbung, der Politik und fast überall um uns herum.

Und gerade weil es so ist und wir häufig so programmiert werden, ist es schwer, einen anderen Weg zu gehen. Gegen diese Ängste zu arbeiten ist unglaublich anstrengend und mühselig. Viele geben deshalb auch schnell wieder auf, sich gegen diese Emotion zu stellen. Sie lassen sich in den Alltag saugen und führen genau das Leben, das sie eigentlich niemals führen wollten. Und warum tun sie es?

Weil es ...

... einfacher ist.

... akzeptabler ist.

... gesellschaftlich anerkannter ist.

Sie tun so, als ob sie Katzen wären und noch weitere Leben in petto hätten.

Es ist Fakt, dass wir nur dieses eine Leben haben, und dieses ist vergeudet, wenn wir nur in einer Schachtel hausen und durch die Luftlöcher gucken, die in den Deckel gestochen wurden, weil es für uns der sicherste Ort ist. Die Sonne ist schön und warm. Ja, sie kann dich auch verbrennen, aber deshalb darauf verzichten? Auf keinen Fall.

Wer bestimmt den Sinn deines Lebens?

Häufig sieht man den gleichen Lebenslauf: Kindergarten – Schule – Studium – Ausbildung – Beruf – Heirat – Hausbau – Kinder – Rente – Tod. That's it.

Das scheint der „normale Lebensweg" zu sein.

Macht dich das wirklich glücklich? So viele leben diesen Ablauf, ohne ihn zu hinterfragen. Dabei bestimmst du doch selbst den Weg, den du gehst. *Du* solltest die Person sein, die *deine Ziele* festlegt, die entscheidet, welche Freunde und Vorbilder *du* hast. Schau nicht nur nach außen, was andere von dir erwarten. Höre auf dich und deine Bedürfnisse. Was brauchst du, um wirklich glücklich und erfüllt zu sein?

Es ist nie zu spät, etwas zu ändern. Auch wenn es verdammt hart ist. Einstein hatte recht. In vielerlei Hinsicht hatte er das. Explizit geht es um diese Aussage: „Die Definition von Wahnsinn ist, immer das Gleiche zu tun und andere Ergebnisse zu erwarten." Das sind Worte, die sich in unsere Zellen gebrannt haben. Es liegt so viel ungeschönte Wahrheit darin.

Dieser Satz bringt eine erlösende Erkenntnis: Wir sind diejenigen, die sich ändern müssen. Ja, die Vergangenheit hat uns geformt. Doch wenn wir unzufrieden sind mit dieser Form, liegt es alleine an uns, sie zu zerschlagen und neu zusammenzusetzen.

Du willst mehr DU sein oder doch lieber wie jemand, den du tagtäglich auf Instagram, TikTok und Co. verfolgst? Es liegt an *dir*, dich neu zu erfinden. Darum liegt es auch an *dir* und an niemand anderem, die Veränderung voranzutreiben. Du willst mehr reisen, mehr verdienen, mehr von dem, was du auf den verschiedensten Social-Media-Kanälen täglich verfolgst, selbst leben? Es ist Wahnsinn, ein anderes Ergebnis zu verlangen, wenn du immer die gleichen Schritte gehst. Und noch ein viel größerer Wahnsinn ist es, unentwegt das Leben anderer zu beobachten und selbst nicht in die Pötte zu kommen.

Okay, vielleicht brauchst du es noch deutlicher: Du, ja du bist ganz allein dafür verantwortlich, dass die Dinge so sind, wie sie sind. Nein, es sind nicht deine Eltern oder Lehrer, die sowieso keinen Zugriff mehr auf dich haben, es ist ganz allein deine Verantwortung, dass die Dinge sind, wie sie sind, denn du hast sie zugelassen. Wir sagen dir das ganz sicher nicht, um dich zu entmutigen oder dich gar zu verletzen. Wir sagen dir das deshalb so deutlich, weil wir nur mit der Wahrheit einen Schritt weiterkommen und deine konstanten Ausreden, warum du XYZ nicht machst, ein Ende haben müssen. Du trägst die Verantwortung für dein Handeln und auch, wenn du die Vergangenheit nicht mehr ändern kannst, kannst du heute dafür sorgen, dass morgen besser wird als gestern.

Mylo hat ein Buch zur Geburt erhalten, und die darin erzählte Kindergeschichte zeigt dieses Problem auf eine elegante Weise. Er hat sie schon oft gehört, auch wenn er noch zu klein ist, um sie wirklich zu verstehen. Die Lösung ist so simpel, dass sie super in ein Kinderbuch passt und auch genauso gut in dieses Buch. Die Geschichte heißt *Der Löwe in dir* von Rachel Bright.*

Es geht um eine klitzekleine Maus, die einsam ist und von allen übersehen wird. Alle anderen trampeln auf ihr herum oder zerquetschen sie. Sie ist ein Außenseiter, und das macht sie unglücklich. Auf der anderen Seite steht der Löwe, der mächtig und stolz ist. Alle anderen Tiere liegen ihm voller Bewunderung und Neid zu Füßen.

Die Maus will so werden wie der Löwe und sucht nach einer Lösung. Schließlich wird ihr klar, dass sie die Hilfe des Löwen braucht, um ihr Ziel zu erreichen. Sie hat unglaublich viel Angst, als sie sich auf den Weg zum König der Tiere macht, da er sie

---

* Bright, Rachel: *Der Löwe in dir*, Magellan, 2016.

auffressen könnte. Mit einem Happs könnte die Maus als Abendessen enden.

Sie nimmt all ihren Mut zusammen und geht trotzdem zu dem Löwen, obwohl vieles in ihr dagegen ankämpft.

Du fragst dich warum?

Ihr wird eine lebensverändernde Sache klar: Wenn sie etwas ändern will, muss sie zuerst sich selbst ändern. Daran führt nichts vorbei. Das ist Persönlichkeitsentwicklung at its best. Und die Veränderung beginnt genau in dem Moment, in dem sie das verstanden hat.

Die Maus überwindet ihre Angst, tritt voller Selbstbewusstsein dem Löwen gegenüber und schildert ihr Problem.

Der Löwe aber erschrickt vor der Maus und rudert zurück. Er hat Angst vor ihr. Der Löwe hat Panik vor der kleinen Maus. Die Maus beruhigt den Löwen, und von da an sind sie Freunde.

Die Maus ist nicht mehr unglücklich und alleine. Sie hat ihr Ziel erreicht, und dafür muss sie nicht so sein wie der Löwe – laut brüllen und posen. Ganz im Gegenteil, sie ist sie selbst geblieben. *Sie ist sogar mehr sie selbst geworden, weil sie mutig war und ihre Ängste überwunden hat.* Sie ist selbstbewusst, und das hat auch der Löwe gespürt.

Das ist eine wundervolle Geschichte, die eine Botschaft in sich trägt, die unglaublich wertvoll ist. So liegt auch die Antwort der Ausgangsfrage offen vor deinen Füßen: Wer bestimmt den Sinn deines Lebens? DU!

Wie der Maus ergeht es Millionen von Menschen auf dieser Welt. Sie haben unlimitiertes Potenzial, entfalten es aber nicht, weil sie durch andere limitiert werden. Und manche handeln einfach nicht, weil sie es nicht schaffen, aus ihren Gewohnheiten auszubrechen.

Wenn du nur verstehen würdest, dass die Chance, dass du das hier liest, bei 1:400 Billionen (das ist eine Zahl mit 12 Nullen) liegt, denn das ist die Wahrscheinlichkeit, dass ein Mensch ge-

Wer bestimmt
den Sinn
deines Lebens?
DU!

boren wird. Solltest du es also wirklich auf diese Welt geschafft haben, hast du im Schnitt gerade einmal 80 Jahre. Davon schläfst du 24 Jahre und arbeitest circa 40 Jahre. Es ist deine Pflicht, glücklich zu sein. Wir sind nicht hier, um kleingehalten zu werden, wir sind hier, um zu wachsen und uns zu entfalten.

Hör auf, darauf zu warten, dass der Sinn des Lebens wie ein Blitz irgendwann aus dem Nichts einschlägt. Es ist doch unser Leben und unsere Aufgabe, ihm einen Sinn zu geben. Wir haben den Stift zum Schreiben unserer eigenen Geschichte in die Hand gedrückt bekommen. Warte nicht darauf, dass irgendwer dir sagt, was du tun sollst. Nur *du* kannst wissen, was du wirklich willst.

Du musst egoistisch sein

Egoismus ist etwas sehr Positives und wird häufig gleichgesetzt mit dem Begriff „Eigenliebe". Im Allgemeinen wird *Egoismus* jedoch als etwas extrem Abfälliges betrachtet. Im Leben ist es aber dringend erforderlich, auch mal egoistisch zu sein. Eine gesunde Portion Eigenliebe stärkt die Beziehung zu dir selbst. Das ist die wichtigste Beziehung, die du in deinem Leben je führen wirst. Diese zu vernachlässigen hat Einfluss auf alle weiteren zwischenmenschlichen Verhältnisse, die du jemals eingehen wirst.

Kurz gesagt: Setze dich mit dir selbst und deinen Bedürfnissen auseinander. Lerne dich kennen und liebe dich mit deinen Stärken und Schwächen. Gestalte dein Leben so, dass du gerne darin lebst.

Dieser emotionale Einklang kommt im Endeffekt nicht nur dir zugute, sondern auch allen anderen Menschen in deinem Umfeld. Freude, Liebe und Zufriedenheit färben ab. So hast du auch die Kraft, für andere da zu sein.

Wenn du jedoch nicht zu dem Schritt bereit bist, dich selbst auch mal auf die erste Stufe zu stellen, wirst du niemals herausfinden, wer wirklich der wichtigste Mensch in deinem Leben ist. *Du wirst dich selbst nicht kennenlernen* und nicht wissen, was dich glücklich macht oder der Sinn deines Daseins ist.

Gesunder Egoismus ist richtig und wichtig.

Die Gallup-Studie 2018[*] zeigt, dass etwa 70 Prozent aller Arbeitnehmer sofort ihren Job kündigen würden, um etwas anderes zu machen, wenn sie nur wüssten wie. Sie sind unzufrieden mit ihrem derzeitigen Leben, ändern jedoch nichts.

GALLUP-STUDIE

Die Unternehmenskultur entscheidet maßgeblich über den wirtschaftlichen Erfolg

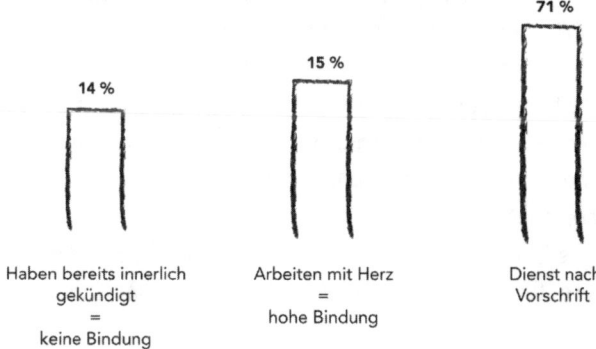

14 %	15 %	71 %
Haben bereits innerlich gekündigt = keine Bindung	Arbeiten mit Herz = hohe Bindung	Dienst nach Vorschrift

---

* Gallup Engagement Index 2018 von folgender Webseite: https://www.outview.ch/aktuelle-news/neuer-gallup-engagement-index-2018-die-unternehmenskultur-entscheidet-massgeblich-u%CC%88ber-den-wirtschaftlichen-erfolg/

Es ist nicht einfach. Auf keinen Fall ist es einfach, selbstständig zu sein, etwas Eigenes zu kreieren und aufzubauen. Dahinter steckt harte Arbeit, sonst würde es ja jeder tun. Und da haben wir auch schon das Problem.

Einfach ist es jedoch, sich selbst die Frage zu stellen, ob man glücklich ist mit dem, was man jeden Tag tut, sei es im Beruf oder im privaten Alltag.

Betrachtet man sich jetzt noch einmal die Zahlen der Gallup-Studie, kann man nur den Kopf schütteln.

70 Prozent aller Arbeitnehmer ergeben sich ihrem Schicksal.

Dabei geht es nicht darum, Millionär zu werden oder ein tolles Haus zu haben, sondern darum, morgens mit einem Gefühl aufzuwachen, welches dir sagt: „Ich hab Bock auf diesen Tag, und ich habe Bock auf das, was ich tue!"

Wir alle haben mal einen schlechten Tag oder eine schlechte Woche, aber konstant durchs Leben zu watscheln mit der Einstellung „Wann ist diese Woche endlich rum?"/„Wann beginnt mein Urlaub, damit ich mich entspannen kann?"/„Wann kann ich endlich in Rente gehen?!" ist nicht nur falsch, es ist absolut furchtbar! Ist das Leben denn überhaupt lebenswert, wenn man ständig das Gefühl hat, die Zeit überstehen zu müssen?

Es ist nicht einfach, sein Leben zu ändern. Aber es macht auch keinen Sinn, so weiterzumachen wie bisher, nur weil deine Eltern oder die Menschen aus deinem Umfeld es genauso gemacht haben oder immer noch machen.

(Apropos Eltern: Auf die kommen wir später im Buch noch einmal zu sprechen, denn eigentlich sollten diese doch die größten Unterstützer sein. Aber sind sie das wirklich?)

Die größte Veränderung setzt voraus, dass du deine eigenen blinden Flecken erkennst. Aber gerade das ist extrem schwer. Und dazu sind die meisten nicht bereit.

Heute kannst du entscheiden, dass morgen nicht mehr so sein wird wie gestern.

Heute kannst
du entscheiden,
dass morgen nicht
mehr so sein wird
wie gestern.

Wo willst du in deinem Leben hin?

Zu einem selbstbestimmten und glücklichen Leben gehören einige Dinge, und vermutlich siehst du direkt Geldscheine vor deinen Augen aufblitzen. Sicher ist ein eigenes Business Bestandteil des gesamten Konzepts, denn ohne Geld läuft leider vieles nicht so leicht. Selbstbestimmt ist man in einem Angestelltenverhältnis leider auch nicht. Wir werden dir in diesem Buch aber nicht erklären, wie du auf deine Businessidee kommst oder dir gar Vorschläge unterbreiten. Unser Fokus ist hier ein anderer.

Du musst bei dir selbst und deinem Verstand beginnen. Meistere das, was die meisten nicht schaffen: Hinterfrage deine Gedanken und deine Konzepte und erstelle dir ein neues Mindset.

Und das ist, wie bereits erwähnt, alles andere als einfach, besonders wenn dir niemand in deiner Kindheit vorgelebt hat, wie selbstständiges Denken überhaupt funktioniert. Sind wir mal ehrlich, das deutsche Schulsystem ist in keiner Weise darauf ausgelegt, dass Kinder lernen, eigenständig zu denken oder ihre Fähigkeiten zu entfalten. Jedes Kind wird in ein Muster gepresst, das sich irgendwelche Experten ausgedacht haben. Es ist in Deutschland einfach nicht vorgesehen, dass du lernst, ein unabhängiges Leben zu führen. Du sollst abhängig sein, in ständigem Wettbewerb versinken und im gnadenlosen Konkurrenzdenken enden.

In der Schule werden dir deine Träume madig geredet und dein Weg limitiert. Du musst in Fächern performen, die dir einfach nicht liegen. Im Unterricht musst du dich melden, einfach um dich zu beteiligen, obwohl doch der Fokus darauf liegen sollte, dass du dich selbst ausdrücken kannst und dich selbst finden und erfinden kannst. Die Vorbereitung auf ein selbstständiges Leben findet gar nicht statt. Der Schwerpunkt liegt auf dem Berufsleben. So schnell werden unsere Kinder in einen Bereich komprimiert. Als ob das Leben nur diesen Pfad bereithält.

Kinder wurden und werden immer noch durch das klassische Lernsystem dermaßen konditioniert, dass es völlig normal ist, dass du da bist, wo du bist: unglücklich und verloren in einem Meer aus Möglichkeiten, ohne Mut und Zuversicht, selbst eine davon ergreifen zu können.

Wenn du nur „normal" agierst, bekommst du eben auch nur ein normales Leben. Dann darfst du dich aber auch nicht beschweren.

Und es ist okay, wenn dir gefällt, wo du bist. Aber da du dieses Buch hier gerade liest, gehen wir davon aus, dass auch du an den Spätfolgen dieser Schulerziehung zu knabbern hast und dir dein Status quo tief im Inneren nicht ausreicht.

Fang an, dich neu zu erfinden

Genau an diesem Punkt haben auch wir gestanden. Wir waren entschlossen, etwas zu ändern.

Doch da waren wieder diese Ängste und das Gefühl, nicht genug zu sein, um Erfolg zu haben. Alle programmierten Glaubenssätze haben fleißig an uns genagt. Ständig liefen folgende Sätze in unseren Köpfen Amok:

„Ich kann das nicht!"

„Ich bin nicht selbstbewusst genug!"

„Ich bin nicht mutig genug!"

„Was werden die anderen sagen?"

„Was ist, wenn wir scheitern?"

Tja, und wenn man sich solche Sätze ständig sagt, dann wird das Ergebnis auch dementsprechend aussehen.

Erst als wir unser Mindset geändert haben und begannen, an uns und unseren Plan zu glauben, legte sich der Rest auch in erfolgreiche Bahnen.

Natürlich löst es Ängste aus, wenn man einen festen Job aufgibt, den man schon ewig ausübt. Wenn du kündigst und die Seile kappst, kann es sein, dass du fällst und sehr hart aufkommst. Jedoch kann auch genau das Gegenteil passieren: Dir könnten endlich Flügel wachsen, und dein Potenzial könnte sich voll und ganz entfalten.

Diese Gefühle und Ängste haben wir genau so durchlebt und auch Millionen andere Menschen auf der Welt. Das ist vollkommen normal. Und doch führt nichts daran vorbei, wenn du dich in deinem Leben verwirklichen willst.

Sicherheit ist leider nicht gleichzusetzen mit Veränderung. Du musst dich entscheiden, ob du dich in Sicherheit wiegen und gemütlich in deinem Kokon bleiben willst, aber dafür unglücklich bist oder ob du ausbrichst, endlich deine Flügel einsetzt und dein Glück selbst in die Hand nimmst.

Also steht auf deiner To-do-Liste:

1. Erkenne deine Glaubenssätze und arbeite an dir selbst.
2. Transformiere deine negativen Glaubenssätze in solche, die dich weiterbringen und die dir Power geben.
3. Lösche solche, die dich nur limitieren.

Ein Mindset ist nicht innerhalb von wenigen Tagen aufzubauen. Es benötigt viel Zeit und Geduld. Wir garantieren dir, dass es hin und wieder sehr unangenehm und schmerzhaft wird, während du deine blinden Flecken ergründest. Es ist alles andere als leicht, alle über Jahrzehnte programmierten Eigenarten deines Wesens umzukrempeln und zu hinterfragen. Jetzt mal ehrlich: Du hast vermutlich über Jahrzehnte Verkalkungen in deinem Kopf angesammelt, die wirst du nicht mal eben so los. Du wirst enorme Kraft benötigen, dich immer wieder aufzuraffen, um aus alten Gewohnheiten auszubrechen. Doch wenn das Mindset steht, hast du eine Basis, mit der du beginnen kannst zu arbeiten.

Hast du bereits ein eigenes Business begonnen?

Falls du gerade dabei bist, dich neu zu sortieren bzw. zu ordnen und deine eigenen positiven Glaubenssätze aufgestellt hast, lass uns weitermachen.

Ist deine Selbstständigkeit (gerne auch zuerst im Kopf) bereits im Gange, und doch hast du den Eindruck, dass es nicht so richtig läuft?

Die Realität ist nun mal so, dass nicht immer alles von Anfang an so funktioniert, wie du es gerne hättest. Die Geschäfte schwanken, und manchmal erzielst du überdurchschnittliche Gewinne und manchmal kaum welche.

Damit dein Business deine Ziele für die Zukunft unterstützt und du davon leben kannst, benötigst du:

- planbare Umsätze
- konstante Umsätze
- Gewinne, die mehr als nur Kosten decken
- Skalierung

Dein Mindset wird dich auf diesem Weg immer begleiten. Denn je nachdem, auf welcher Erfolgsstufe du gerade stehst, wird die Konfrontation mit neu entdeckten Glaubenssätzen nicht ausbleiben. Hast du Monate lang nur wenige Gewinne erzielt, kann es sein, dass Ängste und Zweifel an dir nagen. Oder es kann in Erfolgsphasen dazu kommen, dass du dich selbst bremst, mehr zu erreichen, da du dir im Innersten eventuell nicht gönnen kannst, Millionär zu sein. Schließlich könnten andere Menschen deinen Erfolg mit viel Neid negativ beäugen. Lange hat es gebraucht zu realisieren, dass wir genau dieses Ziel, Millionär zu sein, nicht nur einmal, sondern mehrfach erreicht haben. Nicht nur in einer unserer Firmen, sondern in mehreren. In Deutschland wirst du für solche Aussagen gefühlt gesteinigt – „über Geld spricht man nicht!" – Pff, was für ein Schwachsinn. Menschen, die nicht über Geld sprechen, sind meist die, die keines haben, und deshalb haben sie genau diese Haltung. Wir sind stolz, finanziell frei zu sein, denn mit Geld kannst du nicht nur dein Leben, sondern vor allem auch das deiner Mitmenschen nachhaltig verändern. Geld verdirbt übrigens auch nicht den Charakter, Geld potenziert ihn. Bedeutet im Klartext: Bist du ein Arschloch, wirst du ein größeres Arschloch. Und andersrum.

Und es ist zudem so, dass die Personen, die dich bis hierhin gebracht haben, nicht dieselben sind, die dich auf das nächste Level bringen.

Fakt ist, wenn du einmal begriffen hast, wie du mit den Blockaden in deinem Gehirn umzugehen hast, sind 90 Prozent der Miete beglichen.

Die wenigsten schaffen es leider, ein wirklich gutes Business aufzubauen. Sie verfallen häufig in ein anderes Muster, und zwar, dass sie aus ihrem Büro einfach nicht mehr herauskommen. Sie sind selbst ihr bester Mitarbeiter geworden. Und das ist dann im Endeffekt auch nicht Sinn und Zweck des Ganzen.

Grundsätzlich geht es also darum, nicht nur ein erfolgreiches, sondern ein lebenswertes Business zu betreiben. Du solltest nicht vergessen, warum du das alles tust. Nicht um reich und berühmt zu werden, sondern um dein eigenes Glück zu finden.

Wir erzählen von diesen Problemen im Geschäftsleben nicht einfach nur, weil viele wirklich daran zu knabbern haben, sondern weil wir selbst vor diesen Schwierigkeiten standen. Wir waren in der Situation, in der die Umsätze extrem schwankten und auch zur Debatte stand, alles hinzuschmeißen, weil wir nur noch gearbeitet haben.

Am Ende des Tages haben wir für uns Lösungen gefunden.

Der Inner Circle

So begannen wir, Zeit mit Menschen zu verbringen – bezahlt und auch unbezahlt –, die uns unsere blinden Flecken aufgezeigt haben. Mentoren und Coaches waren für uns unerlässlich, als wir sprichwörtlich den Wald vor lauter Bäumen nicht mehr gesehen haben. Betriebsblind würde man es nennen.

Genau diese Sichtweisen von Außenstehenden haben uns immer wieder Anstöße gegeben, uns in die richtige Richtung zu entwickeln. Wenn du vor einem Problem stehst und dir die Lösung so unglaublich fern ist, dann ist es das Beste, sich Rat zu holen. Frage Menschen nach dem Weg, den sie gegangen sind, als sie selbst vor den gleichen Problemen standen.

Einige dieser Experten bilden mit uns einen eigenen Inner Circle. Das geballte Wissen aus diesem Circle stellen wir auch unseren Kunden zur Verfügung. „Proximity is Power", sagte schon Tony Robbins. Umgib dich mit Menschen, die voller Energie und Tatendrang stecken, genau wie du, und du wirst immer einen Weg finden.

Business braucht einen Ausgleich

Für ein freies und selbstbestimmtes Leben haben wir uns kaputt geackert. Wir sind in Arbeit erstickt. Ja, genau diesen Fehler haben wir gemacht. Wir haben uns unser eigenes Hamsterrad gebaut. Von Montag bis Sonntag, rund um die Uhr waren wir nur am Drehen. Der Druck war unheimlich groß, denn wenn wir nicht performt haben, floss auch kein Geld. Mitarbeiter hatten wir zu diesem Zeitpunkt nicht. Wir waren auf uns gestellt. Vieles ist hinten runtergefallen, wie unsere Gesundheit. Ständig waren wir krank und hatten mit unserem Körper zu kämpfen. Unsere Beziehung blieb auch auf der Strecke und ging in eine Business-Partnerschaft über.

Umgib dich
mit Menschen,
die voller Energie
und Tatendrang
stecken.

Nicht der Zeitmangel war das Problem, sondern Schwerpunkt und Fokus waren falsch. Fast zwei Jahre haben wir das so durchgezogen, bis wir endlich auf die Bremse getreten sind.

Ein glückliches und selbstbestimmtes Leben war das nicht. Ja, wir waren happy mit unserem Business, aber es gab noch mehr, was unsere Aufmerksamkeit brauchte.

Gelernt haben wir daraus, dass wir unsere Lebenssituation immer wieder hinterfragen und den Kurs prüfen müssen, auf dem wir segeln. Das Ziel verändert sich nicht, lediglich der Weg dorthin.

Daher ist uns auch sehr wichtig, dass du das verstehst: Du musst nicht morgen oder übermorgen ein laufendes Business auf die Beine stellen. Das funktioniert sowieso nicht und ist zum Scheitern verurteilt. Deine wichtigste Aufgabe für morgen ist, damit anzufangen, glücklich zu sein. Die Arbeit kann und sollte auch ein Bestandteil davon sein, doch die Priorität liegt an anderer Stelle.

Überprüfe deine Motivation

Warum liest du gerade dieses Buch? Aus welchem Anreiz?

Um erfolgreich deine Ziele zu verwirklichen, müssen es deine eigenen sein. Dein Mindset muss stehen und ein Bild muss vor deinen Augen tanzen, dass dir zeigt, welche Zukunft dich glücklich macht.

Hier geht es nicht darum, dem Konzept anderer Menschen einfach nachzueifern, da du ihr Glück beobachten konntest. Deren Glück ist nicht deines. Das ist sehr wichtig. Klar kannst du dich vom Lifestyle anderer inspirieren lassen. Das solltest du sogar. Was dich jedoch tatsächlich glücklich macht und erfüllt, weißt nur du.

Wir alle tun mal Dinge aus falschem Pflichtbewusstsein. Das Gefühl, etwas aus einem bestimmten Schuldgefühl tun zu müssen, haben wir bestimmt alle schon einmal gespürt. Der Druck kommt hier meistens aus dem engeren Bekannten- und Familienkreis. Haben wir nicht alle schon mal die Erwartungen anderer versucht

Deine wichtigste
Aufgabe für
morgen ist,
damit anzufangen,
glücklich zu sein.

zu erfüllen? Das schmeckt ganz schön bitter, wenn wir auf solche Situationen zurückblicken.

Jeder von uns hat eine individuelle Entscheidungsweisheit. Genau aus diesem Grund ist es unglaublich wichtig, keine Entscheidung aus Schuldgefühlen zu treffen. Schuldgefühle sollten niemals Bestandteil eines Entschlusses sein. Falls du doch aus diesem Impuls handelst, wird es dir niemals möglich sein, deinen Pfad zu finden. Du wirst dich immer nach anderen richten.

Konzentriere dich auf das, was du willst und was du erreichen möchtest. Bremsen, die aus dem Einfluss anderer resultieren, musst du abmontieren. Individualität hat nichts mit dem zu tun, fremde Erwartungen zu erfüllen.

Deine Träume sind es wert, gelebt zu werden.

Learnings

- SO WIE DU BIST, BIST DU GROSSARTIG!
- Scheu dich nicht, Rat von anderen einzuholen. Profitiere von den Erfahrungen deiner Mitmenschen und baue deinen persönlichen Inner Circle auf.
- Gesunder Egoismus hilft dir, dich selbst zu finden. Sei deine Prio #1.
- Schau dir die Momente an, in denen du Angst empfindest. Hinterfrage diese Angst. Ist sie berechtigt oder einfach nur programmiert? Und dann erinnere dich daran, dass Mut nicht bedeutet, angstfrei zu sein. Mut bedeutet, es dennoch zu tun.
- Höre auf dein Gefühl. Fühlst du dich unwohl in einer Situation, so frag dich, was dahintersteckt. Das ist ein erster Schritt, um herauszufinden, wer du wirklich bist.
- Routinen sind gut und geben dir eine Konstante. Jetzt bist du aber an dem Punkt, an dem du etwas verändern willst. Fang an, deinen Alltag umzukrempeln.
- Entscheide dich, bereits morgen glücklicher zu sein als gestern.

„Escape and Arrive"-Fragen

- Was ist dein primäres Ziel mit diesem Buch? Welche Veränderung strebst du in deinem Leben an?
- Aus welchen Mustern möchtest du ausbrechen?
- Welche Entscheidung musst du noch heute treffen, um diese Veränderung zu realisieren?
- Wie sieht dein persönliches „ARRIVE", sprich dein Traumleben aus?
- Wie kannst du es schaffen, dich zu deiner höchsten Priorität zu machen?
- Welche Ängste begleiten dich und halten dich auf?
- Wie kannst du es schaffen, trotz dieser Ängste mutig zu sein?

Kapitel 2

Erfolg ist mehr, als du denkst

von Anika und Tayler

*G*ehen wir noch einmal zurück zu dem Zeitpunkt, als unser Business erfolgreich lief und wir gutes Geld verdienten. Kein Wunder, denn wir haben zu Beginn 24/7 gearbeitet. Komischerweise kommt monetärer Erfolg immer denen zugute, die sich weigern aufzugeben. Aber ist monetärer Erfolg, wie wir ursprünglich dachten, genau das, wonach du streben solltest?

Wir haben wirklich alles in unser Geschäft investiert. Für vieles blieb keine Zeit mehr übrig. Und ja, es hat sich wirklich gelohnt, denn im Business waren wir erfolgreich. Wir sind über uns hinausgewachsen und über das System, in dem wir groß geworden sind. Unser Ziel war es, selbstständig, frei und glücklich zu sein.

Und genau da müssen wir zurückspulen.

Die Geschäfte liefen, und doch waren wir alles andere als frei und glücklich. Wir wollten eigentlich aus diesem Alltagskreislauf ausbrechen, doch irgendwie haben wir uns stattdessen einen eigenen gebaut. Ein DIY-Hamsterrad für Tayler und Anika. Wow. Wir hatten es wirklich weit geschafft: Raus aus dem einen Hamsterrad, rein ins nächste. Life goals. Ironie off.

Nicht nur die Arbeit bringt uns Erfüllung und Freiheit, auch unsere Zeit als Paar. Und dazu kommen noch viele andere Dinge. Doch der Weg, den wir eingeschlagen hatten, lief in eine falsche Richtung. Also haben wir einige grundlegende Dinge für uns hinterfragt:

- Was bedeutet Freiheit?
- Was bedeutet Erfüllung?
- Was sind unsere Ziele, gemeinsam und individuell?
- Wie können wir Business-Partner und gleichzeitig Paar sein?
- Welche Bereiche im Leben sind uns wichtig?
- Wie würde alles laufen, wenn wir Eltern wären?
- Wo und wie würden wir ein Kind großziehen wollen?
- Was bedeutet Erfolg auf persönlicher wie auch geschäftlicher Ebene für uns?

Aus diesen Antworten haben wir vier Säulen erstellt, die für uns als Entscheidungsgrundlage dienen, damit wir nicht mehr aus dem Gleichgewicht kommen. Wie Taylers Papa im Vorwort schrieb: „... viel wichtiger ist es, dass Entscheidungen getroffen werden!" – aber auf welcher Grundlage? Ist es nicht faszinierend, dass die meisten Menschen Entscheidungen „einfach so" treffen, ohne nur eine Sekunde darüber nachzudenken, was diese Entscheidung wirklich bedeutet? Das ist unter anderem der Grund für unser Scheitern. Wir entscheiden, weil es uns in dem Moment guttut, aber ob dies auf unsere Ziele, auf unser Leben und unser Wohlempfinden einzahlt, das interessiert nur sekundär. Wir sind beide der festen Überzeugung, wenn du anfangen würdest, Entscheidungen ausschließlich nur noch basierend auf deinen Bedürfnissen zu treffen, dann würde es dir eindeutig besser gehen. Natürlich ist dies nicht immer möglich, vor allem als Mama oder Papa. Es hat aber auch keiner behauptet, dass jede Entscheidung perfekt sein muss. Wichtig ist, sich mit der Thematik auseinanderzusetzen und zu ergründen „Was erwarte ich vom Leben?". Wir glauben, dass die Qualität deines Lebens sich bereits drastisch verbessern wird, wenn du erst ein mal an dich, statt an alle anderen denkst, und dich damit zur Priorität machst. Nicht immer, aber immer öfter.

Wir möchten dir von unseren vier Säulen erzählen und dir zeigen, was für uns Erfolg auf ganzer Ebene bedeutet.

„Vier Säulen", das klingt etwas unpersönlich. Doch ist genau das Gegenteil der Fall. Wir stellen uns das Ganze wie ein massives griechisches Bauwerk vor, in weißer Farbe und geschmückt mit zahlreichen Verzierungen. Wenn du schon einmal vor solch einem historischen Bauwerk gestanden hast, verstehst du bestimmt das Gefühl, das uns damit verbindet. Es sind kraftvolle und energetische Säulen, die Jahrtausende Bestand haben.

Was erwarte ich vom Leben?

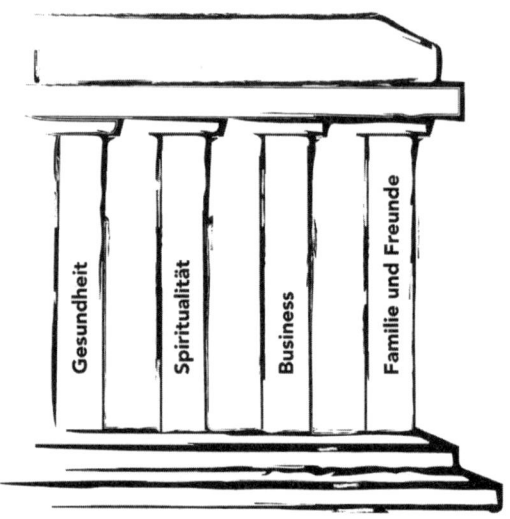

Jede dieser Säulen ist verziert mit unseren individuellen Werten und symbolisiert die Bereiche, die uns im Leben am allerwichtigsten sind. Alle vier Bereiche bedeuten uns gleich viel, auch wenn wir uns nicht zu jeder Zeit darauf konzentrieren können. Sie halten alles zusammen und helfen uns, eine Balance für unser Leben zu schaffen.

Hieraus bilden sich auch die vier folgenden Kapitel, in denen wir genauer auf die einzelnen Bereiche eingehen werden.

Wir nehmen uns selbst als Beispiel in diesem Buch und erläutern, wofür diese Säulen konzipiert sind. Du kannst unsere Säulen gerne als Inspiration nutzen. Vergiss jedoch nicht, dass unsere Säulen nicht zwangsläufig auch deine sind. Schließlich entscheidest du, was das Fundament deines Lebens ist. Schaue dir einfach unsere Säulen an, überlege, welche für dich infrage kommen, und beginne, sie zu bauen. Wenn du zum Beispiel mit dem Thema Spiritualität nichts anfangen kannst, dann ist das vollkommen legitim. Vielleicht ist dir dafür ein anderer Lebensbereich superwichtig. Du darfst natürlich auch mehr oder weniger Säulen als wir bauen. Das bleibt ganz allein dir überlassen.

Es ist egal, wie deine persönlichen Säulen aussehen, das Wichtigste ist jedoch, dass sie ausgeglichen sind. Unser Universum und unsere Welt bestehen aus Energien, die sich in weibliche und männliche Energien unterscheiden lassen. Vielleicht hast du schon einmal etwas von Yin und Yang gehört? Yin steht für die weibliche Energie und Yang für die männliche. Unsere vier Säulen sind Gesundheit, Spiritualität, Business und Familie und Freunde. Spiritualität und Gesundheit zählen zu den weiblichen Energien, das Business ist energetisch gesehen sehr männlich, und Familie und Freunde gehört zu beiden Gruppen. Das heißt, wenn sich dein Leben hauptsächlich um deine Arbeit dreht, bist du hauptsächlich in einer sehr männlichen Energie. In dem Fall müsstest du für dich ein weibliches Gegengewicht schaffen, denn ein Ungleichgewicht ist auf Dauer ungesund.

Die Energien müssen immer in Balance sein. Das erreichst du, wenn deine Lebensbereiche dementsprechend aufgeteilt sind. Eine Ausgewogenheit zwischen deinen Ankerpunkten sollte gegeben sein, damit du selbst auch leichter einen Ausgleich in dir finden kannst. Falls sich das für dich alles nach „Hokuspokus" anhört, dann weit gefehlt. Diese Lehren stammen nicht von uns, sondern von den größten spirituellen Lehrern dieser Welt. Du kannst es ignorieren, du kannst es verdrängen, aber wir versprechen dir, diese innere Stimme nach Ausgleich wird nie erlöschen. Für gewisse Zeit länger in der einen oder anderen Energie zu sein, kann der Körper ab, aber langfristig wird es irgendwann schwierig. Woher glaubst du kommen all unsere Volkskrankheiten? Ganz sicher nicht, weil unser Körper auf Krankheit konditioniert ist. Unser Körper ist die höchstentwickelte Maschine der Welt, die aber auch an ihre Grenzen kommt, und wenn du diese lang genug ignorierst, wird er dir durch Krankheiten, Unwohlsein und andere Symptome zeigen, dass du langsamer machen und etwas verändern musst (aber dazu später mehr).

So ist es fast in allen Bereichen unseres Lebens: Das Maß bestimmt. Ein Ausgleich der Dinge ist unerlässlich.

In den folgenden Kapiteln werden wir dir erläutern, wie und warum wir diese vier Säulen für uns als die wichtigsten auserkoren haben. Damit wollen wir dir zugleich Anhaltspunkte geben, wie du dein eigenes Fundament baust.

Wie findest du die richtigen Steine für deine persönlichen Säulen?

Lerne dich selbst kennen, finde deine blinden Flecken und stelle dir konkrete Fragen zu deiner Zukunft. Definiere den Zweck deines Lebens, anstatt auf ihn zu warten. Denn der, der darauf wartet, dass ihm der Sinn des Lebens plötzlich erscheint, wird ihn niemals finden. Im Leben kommt leider nicht alles zu dir geflogen, wenn du es dir gerade wünschst. Liebe Mindset-Coaches und „Dauer-Event-Gänger" ich muss euch leider widersprechen, es ist eben nicht einfach immer nur Manifestation, Meditieren und Hoffen. Das Universum liefert nur dann, wenn du auch entsprechend gibst. Es ist ein Austausch an Energien, und sich konstant hinter Manifestation zu verstecken hat noch nie jemanden auch nur einen Zentimeter weitergebracht. Ganz im Gegenteil, die meisten Menschen starten mit Persönlichkeitsentwicklung und wundern sich, warum sich im Business noch nichts getan hat. Es fehlt das Essenziellste: neue Skills und der nötige Hustle. Es steckt viel Arbeit dahinter, und in diesem Fall bist du selbst in der Holschuld. Jeder muss den eigenen *Purpose* für sich selbst definieren, und genau das ist das Schwierigste für die meisten Menschen.

Und auch wenn du den Sinn deines Handelns gefunden hast, kann es sein, dass er sich mit den Jahren verändert. Veränderung ist Bestandteil unseres Lebens, nur so geht es voran. Und so kann

Alles sollte im Zusammenhang mit deinen großen Zielen im Leben stehen.

es durch bestimmte Ereignisse auch dazu kommen, dass du die Orientierung änderst. Hinterfrage dich ständig selbst:

- Ist das, was ich gerade tue, sinnstiftend?
- Tue ich das jetzt nur, weil ich es schon seit Jahren so tue?
- Hilft das, was ich mache, meinen Zielen näherzukommen?
- Fühle ich mich richtig in dieser Situation?
- Macht mich all das gerade noch glücklich?

Jede Entscheidung, die du triffst, sollte ab sofort auf dein „Säulenkonto" einzahlen. Alles sollte im Zusammenhang mit deinen großen Zielen im Leben stehen.

Jetzt mag es vielleicht so klingen, als ob die anderen Lebensbereiche unserem Erfolg im Beruf im Weg stehen. Und genau so hat es sich auch zu Beginn für uns angefühlt. Wir haben monatelang unseren Fokus auf nur einen Bereich, unser Business, ausgerichtet und haben die harten Konsequenzen schnell zu spüren bekommen.

Wir haben eine Frage an dich: Gehört das Geschäft dir oder gehörst du dem Geschäft?

Es ist eine regelrechte Beleidigung gegenüber allen Unternehmern, wenn Selbstständige behaupten, sie würden Unternehmer sein. Später dazu mehr.

Als wir anfingen den Fokus nicht mehr nur rein auf unser Geschäft zu legen, hatten wir wahnsinnigen Respekt davor. Warum? Weil wir dachten, dass uns das Business sofort um die Ohren fliegen würde, denn wir wussten, wenn wir viel arbeiten, verdienten wir auch viel und konnten unsere Rechnungen bezahlen, arbeiteten wir weniger, kam auch weniger rein. Wir waren klassische Selbstständige, wie fast vier Millionen Menschen in Deutschland.*

---

* Quelle: Statista.com, https://de.statista.com/statistik/daten/studie/979999/umfrage/anzahl-der-erwerbstaetigen-mit-arbeitsort-in-deutschland/#:~:text=Im%20Jahr%202023%20gab%20es,3%2C88%20Millionen%20Personen%20Selbstständige

Bleibt also bei einem solchen Fokus-Shift nicht das Business auf der Strecke? Ganz im Gegenteil. Wir durften sehr schnell lernen, dass wir genau diese Pausen und diesen Ausgleich brauchen, um langfristig auf unsere Power zurückgreifen und somit unser Geschäft vorantreiben zu können. Oftmals hilft es, einfach mal einen Schritt zurückzugehen, um dann vier Schritte nach vorne zu springen.

Uns ist mittlerweile klar, dass für uns Erfolg mehr bedeutet, als nur viel Geld zu verdienen. Wir sehen uns als erfolgreich, wenn wir alle Lebensbereiche, die uns wichtig sind, meistern können.

Was bringen dir Millionen, wenn du mit 40 Jahren nicht mal mehr mit deinem Sohn im Garten kicken kannst, weil der Rücken nicht mehr möchte?

Was bringt dir all der Ruhm, wenn du mit 36 deinen ersten Burn-out hast und dieser dein Leben bestimmt?

Was bringen dir all die gesellschaftlich definierten „Erfolge" und der tolle Porsche 911, wenn du dich komplett hast gehen lassen?

Was bringt dir dein ach so tolles Business, wenn du das Handy nicht zur Seite legen kannst, um mit deiner Frau mal in Ruhe auf der Couch zu liegen, mit deinen Kids zu spielen, oder wenn du im Urlaub nur an Arbeit denkst?

All das ist nichts wert, wenn unser Körper, unser Geist und unsere Seele im Ungleichgewicht sind.

Viele Jahre später realisierten wir erst folgendes Schreckensszenario. Wir waren beide eingeladen auf einer Gala mit vielen offensichtlich erfolgreichen Menschen. Die meisten kamen am Hotel mit ihren Porsches, Lamborghinis und Ferraris an. Wir fuhren vor mit unserem Mini Jahrgang 2012 in Rot und mit verkratzten Türen. Für mehr hatte es damals nicht gereicht. Wir lernten viele Millionäre und Milliardäre kennen, die es offensichtlich im Leben „geschafft" hatten. Heute verstehen wir erst, warum wir uns so fehl am Platz gefühlt hatten. Viele dieser „erfolgreichen" Menschen hatten das „Money-Game" durchgespielt. Geld spielte keine Rolle mehr, aber alles andere in Ihnen war verloren.

Alkohol, Party, eine Packung Kippen nach der nächsten, Koks und andere Drogen waren normal geworden. Jedes Wochenende ist man irgendwo anders unterwegs. Unter der Woche arbeitet man als „toller" Unternehmer 12- oder auch 16-Stunden-Tage und abends knallt man sich wieder ein Bier rein, oder auch mehrere, um natürlich erst mal runterzukommen. Zeit für gesunde Ernährung? Auf keinen Fall. Lieber schnell bei McDonalds einen Snack reinpfeifen.

Die Familie sitzt zu Hause, dein Kind bekommst du nicht zu Gesicht und dein Eheleben geht den Bach runter. Wow, du hast Millionen, aber eigentlich hast du nichts.

Wir kennen so viele „erfolgreiche" Menschen, die sich genau mit diesem Lifestyle bei uns als „unerfolgreich" qualifizieren. Wir verurteilen sie nicht dafür, es ist ja ihr Leben, aber wir haben kein Verständnis für Menschen, die mutwillig ihren Tempel so verunreinigen.

„Wer im Glashaus sitzt, sollte nicht mit Steinen werfen!" Vor allem Tayler hat die ersten Jahre in Köln und Dubai genau das getan, wovon wir oben erzählten. Man gehörte nur dann dazu, wenn man dabei war, und aus diesem Strudel kam er fast nicht mehr raus. Es ist ein wenig wie bei Kindern, sie müssen eben manchmal auf die heiße Herdplatte fassen, um zu verstehen, dass sie heiß ist. Das sind alles Learnings, die uns geholfen haben, das Leben zu leben, das wir heute leben. Wir sind dankbar für jede Erfahrung, für jeden Moment, und gleichzeitig durften wir für uns definieren, wie echter, nachhaltiger und ganzheitlicher Erfolg für uns wirklich aussieht.

Vergiss nicht: Du definierst deinen eigenen Erfolg! Wenn Erfolg für dich bedeutet, so zu leben, wie wir es oben beschrieben haben, dann ist das okay für uns und wir verurteilen dich nicht. Du musst dir aber darüber im Klaren sein, dass der menschliche Körper das auf Dauer nicht durchsteht und er sich die verlorene Energie irgendwann von alleine wieder zurückholt.

Du bist
das Problem
und gleichzeitig
die Lösung.

Wir haben es dir weiter oben versprochen. In diesem Buch werden wir dir keinen Honig ums Maul schmieren, es ist und bleibt eine Lebensschule, in der du bis zu deinem letzten Atemzug sein wirst. Erkenne deine blinden Flecke, stell dir die Frage, was da wirklich dahintersteckt, und verändere deinen aktuellen Zustand, indem du erkennst, dass du das Problem und gleichzeitig die Lösung bist.

Du bist das Problem und gleichzeitig die Lösung.

Learnings

- Erfolg ist mehr, als nur „reich sein".
- Es kommt auf die Balance an — wir haben für uns vier Säulen definiert, die die für uns wichtigsten Lebensbereiche inklusive der entsprechenden Bedürfnisse und Werte abdecken. Sie dienen als Entscheidungsgrundlage, um ein Leben in Balance und Erfüllung zu leben.
- Deine Säulen können ganz anders definiert sein. Wichtig ist nur, dass du die für dich wichtigsten Lebensbereiche bestimmst und diese die Basis deines Lebens darstellen.
- Deine Säulen sollten dir dabei helfen, ein Leben in Balance zu leben. Yin und Yang lautet hier das Stichwort.
- Stelle dir die richtigen Fragen und definiere den Sinn deines Lebens, statt darauf zu warten, dass du deinen Purpose irgendwann findest. Ebenso solltest du Erfolg, Freiheit und Erfüllung individuell für dich definieren.
- Du bist die wichtigste Person in deinem Leben. Mache dich und deine Bedürfnisse endlich zur Priorität, um die Qualität deines Lebens zu verbessern.
- Du bist das Problem und gleichzeitig die Lösung – beginne auf Basis dieser Erkenntnis an dir selbst zu arbeiten, statt die Fehler im Außen zu suchen.

„Escape and Arrive"-Fragen

- Was erwartest du vom Leben?
- Was bedeutet Freiheit für dich?
- Was bedeutet Erfüllung für dich?
- Was bedeutet Erfolg für dich?
- Was sind deine wichtigsten Werte?
- Was sind deine stärksten Bedürfnisse?
- Welche Bereiche im Leben sind dir wichtig?
- Was macht dich derzeit unglücklich und wie kannst du daran arbeiten oder etwas verändern?
- Was sind deine Action Steps, um mehr Verantwortung für dein eigenes Leben zu übernehmen und dich zur höchsten Priorität zu machen?

Kapitel 3

Gesundheit — The most important thing

von Anika

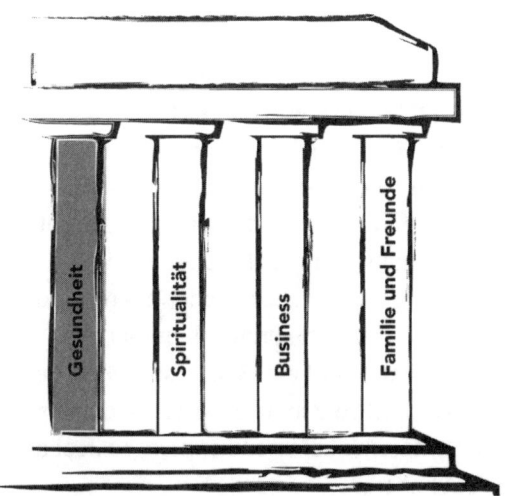

Wie oft hast du schon an deinem Schreibtisch gesessen und einfach nichts hinbekommen? Die Schläfen pulsieren vor Kopfschmerzen, und du würdest dich gerne in deinem Bett verkriechen.

Let's be real: Wenn unser Körper nicht funktioniert, dann läuft einfach nichts. Wie sollen wir in der Lage sein, etwas aufzubauen, wenn wir mit leerem Akku herumlaufen? Du kannst keine Energie für deine Arbeit, deinen Partner oder deine Familie haben, wenn es dir selbst nicht gut geht. Unsere Kapazitäten sind nun mal begrenzt.

Tag für Tag beobachte ich Menschen, wie sie geplagt sind von Symptomen, wie Kopfschmerzen, Rückenschmerzen, Verdauungsstörungen oder Hautproblemen. Sie leben damit als Bestandteil ihres Selbst. Sie haben es als etwas angenommen, was sie nicht ändern können. Das ist jedoch nicht richtig!

Grundlegend ist es normal, wenn es dir gut geht und du nicht von körperlichen Problemen geplagt bist. Und auch wenn Gesundheit nicht ohne Krankheit existieren kann, ist unser Körper primär dafür gemacht, gesund zu sein. Es ist nicht normal, solche Beschwerden zu haben. Nimm sie also nicht als Teil deines Ichs hin. Stempel diese Symptome nicht als normal ab. Das sind sie nicht.

Kennst du denn noch das Gefühl, ohne Symptome deinen Alltag zu durchleben? Mal ehrlich? Morgens aufstehen und sich frei und unbeschwert fühlen – was gibt es Besseres, als den Tag voller Power zu beginnen? Das pusht nicht nur dich und dein Business, sondern auch die Menschen in deinem Umfeld.

Unser Wohlbefinden ist fundamental. Grundsätzlich bewerten wir unsere vier Säulen als gleich bedeutsam, und doch bekommt die Gesundheit noch einen zusätzlichen Stern, da der Bereich einfach elementar ist. Daher beginne ich genau hier.

Ich kann dir hier aber kein Heilversprechen geben, denn das Thema Gesundheit ist sehr individuell. Wenn du dir nicht sicher bist, woher deine Symptome kommen könnten, solltest du Rücksprache mit einem Arzt halten.

Unsere persönlichen Erfahrungen

Davon hatten wir einige.

Wir litten unter unzähligen Symptomen, und die von Tayler machten mir große Sorgen. Ich war nicht bereit, noch einen geliebten Menschen aus meinem Leben gehen zu lassen.

2015 starb ein für mich sehr besonderer Mensch. Er war mein größtes Vorbild, mein Held und mein Papa. Wir waren uns sehr nah. Seine Krebsdiagnose hat in meinem Leben sehr viel verändert. Alles wurde auf links gedreht, und ich habe versucht, den Sinn dahinter zu verstehen. Es hat alles seinen Grund. Auch wenn es sich in manchen Momenten falsch anfühlt, einem solchen Verlust einen Sinn zuzuschreiben. Dennoch hat sich nach diesem Ereignis vieles für mich verändert. Mein Fokus im Leben hat sich neu ausgerichtet. Mir ist umso wichtiger geworden, dafür Sorge zu tragen, dass es mir und meinen Liebsten gut geht. Ich habe zu dieser Zeit auf schmerzliche Weise verstehen müssen, dass die Gesundheit das Allerwichtigste in unserem Leben ist. Es ist mehr als nur regelmäßige Check-

Du kannst keine Energie für deine Arbeit, deinen Partner oder deine Familie haben, wenn es dir selbst nicht gut geht.

ups beim Arzt. Selten geht ein Arzt der Ursache der Beschwerden auf den Grund. Nur die Symptome stehen da im Vordergrund. Mit Medikamenten kannst du jedoch nur Beschwerden behandeln und nicht ihren Ursprung. Und somit war das auch mein erster Anstoß, meine beziehungsweise unsere Gesundheit selbst in die Hände zu nehmen. Ich habe gelernt, dass ich der ganzheitlichen Gesundheit eine viel höhere Priorität zuschreiben muss. Ich möchte, dass meine Familie von Grund auf gesund ist und nicht wieder gesund gemacht werden muss. Das bedeutet nun mal, dass einiges im Alltag hinterfragt werden muss. Um ganzheitlich gesund zu sein, muss neben der körperlichen auch die mentale und emotionale Verfassung stimmen.

2018 entschloss ich mich, mir selbst auch mehr Aufmerksamkeit zu widmen. Ich habe die Pille abgesetzt, denn ich hatte das Gefühl, meinen Körper nicht mehr richtig zu spüren. Die Hormone haben mich unglaublich beeinflusst. Und gerade weil ich mich entschlossen habe, Gesundheit als erste Säule aufzubauen, begann ich, Dinge, die ich schon seit Jahren tat, zu hinterfragen. Natürlich ist es einfach, mit der Pille zu verhüten, aber die Hormone waren nicht gut für mich. Wenn man es mal so betrachtet, war diese kleine Pille, die ich jeden Tag, ohne es zu hinterfragen, geschluckt habe, pures Gift für meinen Körper. Das passte also nicht mehr zu dem Leben, das ich führen wollte.

Die Konsequenz war unglaublich schlimme Akne. Und das war nicht einmal das Schlimmste. Mein Selbstbewusstsein hat einen kräftigen Knacks bekommen. Die Haut ist das größte Organ unseres Körpers. Gerade das Gesicht ist die Körperpartie, die andere und auch ich am meisten betrachten. Auch ohne Spiegel spürte ich die Wölbungen auf meiner Haut. Nicht selten hatte ich das Bedürfnis, alles aufzukratzen. Das hätte es nur nicht besser gemacht. Auch eine dicke Schicht Make-up half nicht. Trotzdem konnte ich nicht immer auf Make-up verzichten. Das wären ja tolle Erinnerungsfotos von unserer Hochzeit geworden. Ich wollte wunderschön sein für Tayler an diesem Tag und es auch ausstrahlen können.

In meinem Kopf sollte sich alles um uns drehen, nicht um meine Hautprobleme, die mich nicht losließen. Ich habe mich furchtbar hässlich gefühlt, und das Gefühl, dass jeder, der mir ins Gesicht schaut, nur meine Wunden sieht, hat mich verfolgt.

Ich habe alles ausprobiert, um wieder bessere Haut zu bekommen: Kosmetische Behandlungen, Cremes, Tabletten, Laserbehandlung bis hin zur schlimmsten Behandlung, die ich je hatte – man verätzte mir die erste Hautschicht mit einem sehr aggressiven Laser, sodass neue Haut wachsen konnte. Jedes Mal hatte ich die Hoffnung, endlich eine bessere Haut zu haben. Ich griff nach jedem Strohhalm und doch wurde ich immer wieder enttäuscht. Nichts hat geholfen. Auch mein Zyklus spielte verrückt, sodass ich meine Periode etwa eineinhalb Jahre gar nicht bekam.

Es war Zeit, einen Schritt zurückzugehen, um meine Probleme und meinen Körper besser wahrzunehmen. Ich habe die ganze Zeit nur versucht, an der Oberfläche und somit an den Symptomen zu arbeiten. Nach der Ursache hatte ich gar nicht gesucht. Als mir das bewusst wurde, kam für mich wieder das Thema ganzheitliche Gesundheit auf. Hinter meinen Akne- und Zyklusproblemen musste eine Ursache stecken, die ich zuvor noch nicht in Betracht gezogen hatte.

Ich suchte Hilfe in Form von Mentoren und Coaches. Denn in allen Lebenslagen ist es so, dass ganz bestimmt auch andere Menschen bereits vor den gleichen Problemen standen wie ich und vielleicht auch du. Und nicht wenige sind bereit, diese Informationen zu teilen. Genau diese Erfahrungen und Expertise anderer kannst du nutzen, um die für dich beste Lösung zu finden. Genau das habe ich auch gemacht.

Meine Erlebnisse in der Vergangenheit haben mich dazu bewegt, etwas zu verändern. Der Verlust meines Papas und die körperlichen Beschwerden sorgten dafür, dass ich ein anderes Bewusstsein für das Thema Gesundheit entwickelte. In der Folge habe ich nach langer Suche endlich einen Lösungsweg für mich gefunden, bei dem ich nicht nur an den Symptomen kratze, sondern wirklich an der Ursache arbeite und sogar präventiv etwas Positives für meine Gesundheit tue.

Und jetzt erzähle ich euch etwas über meine Gamechanger!

Mentoren

Nach langer Suche wurde mir im Januar 2021 – sechs Monate vor unserer Hochzeit – eine Heilpraktikerin empfohlen. Damals ein weiterer Strohhalm, in den ich jede Menge Hoffnung steckte. Und diesmal wurde ich nicht enttäuscht. Michelle, eine sehr temperamentvolle Australierin, hat mir unmissverständlich die Augen geöffnet und mir geholfen, meine Probleme endlich ganzheitlich anzugehen. Sie half mir, nach den tatsächlichen Ursachen zu forschen und diese mit traditioneller chinesischer Medizin (TCM) und Akupunktur zu behandeln.

Zur gleichen Zeit arbeitete ich mit einem Coach im Fachbereich der angewandten Neurologie zusammen. Und wow, dieses Coaching hat mein Leben wirklich bereichert, mir unfassbares Bewusstsein über meinen eigenen Körper gegeben und mir geholfen, meine Symptome in der Tiefe zu verstehen.

Du musst, wie du an meinem Beispiel siehst, nicht überall alleine durch und alles von selbst ergründen. Ich habe mir Hilfe geholt, um an Lösungen zu kommen, die ich alleine niemals gefunden hätte. Das kannst du ebenfalls. Ob in Sachen Gesundheit, Spiritualität oder Business, ein Coach macht dich besser. Profitiere von den Erfahrungen anderer und ziehe deine Schlüsse daraus.

Regulation des Nervensystems

Bevor ich mich mit diesem Thema aktiv befasst habe, war mir gar nicht bewusst, welche große Rolle das Nervensystem spielt. Die

Hauptaufgabe unseres Nervensystems ist es, unser Überleben zu sichern.

Das Nervensystem wird den ganzen Tag befeuert durch die unterschiedlichsten Einflüsse und Emotionen, durch alles, was wir erleben. Alle Informationen werden gesammelt, wie der Regen in einer Regentonne.

Gerade wenn wir dabei sind, etwas in unserem Leben zu ändern, stehen wir häufiger vor neuen Situationen und Herausforderungen. Alles Wahrgenommene wird mit bekannten Mustern verglichen, und wenn es diese Muster einfach noch nicht kennt, schlägt das Nervensystem Alarm. Denn alles Unbekannte stellt ein Risiko für unser Überleben dar.

Ich bin mir sicher, viel mehr Menschen würden ihren Job wechseln, wenn es nicht solch eine große Veränderung wäre. Es ist nun mal ein Risiko, seinen ungeliebten Job zu kündigen. Auch wenn der Kopf gerne das Szenario durchspielt, dem Boss die Kündigung auf den Tisch zu knallen. Es fühlt sich an wie eine Riesenlast, die man abwirft. Alles fühlt sich leichter an. Aber dann kommt die Panik. Das Herz schlägt dir bis zum Rachen. Du fühlst dich, als wärst du zu lange in der Sauna gewesen: Deine Knie werden wackelig, der Schweiß klebt an deinem ganzen Körper und dein Kreislauf sagt adieu. „Was mache ich denn, wenn dieses fixe Einkommen wegfällt? Wer garantiert mir, dass ich erfolgreich sein werde in meinem neuen Job? Werde ich dort glücklich sein?" Und prompt kommt der Gedanke, dass man vermutlich im neuen Job identische Bedingungen hat und es sich nicht lohnt, zu kündigen.

Tja, das fädelt unser Kopf und unser Nervensystem ganz schön geschickt ein, findest du nicht? Die ganzen unbequemen Symptome wollen wir nicht wieder spüren. Wir mögen intuitiv keine Risiken und wollen lieber in unserer Komfortzone bleiben. Leider bringt uns das im Leben nicht weiter als zum Kaffeeautomaten.

Unser Nervensystem versucht, uns davor zu bewahren, vielen neuen Reizen ausgesetzt zu sein, denn bei stundenlangen Regen-

Profitiere von den Erfahrungen anderer und ziehe deine Schlüsse daraus.

güssen ist die Tonne irgendwann voll, und sie läuft über. So kann man sich das auch mit unserem Nervensystem vorstellen. Es wird ein Schutzmechanismus in Gang gesetzt, wenn zu viele Reize auf uns einprasseln. In den Momenten, wenn das Nervensystem überfordert ist, schickt es Signale an uns aus. Zum Beispiel in Form von Symptomen. Es möchte verhindern, dass wir so weitermachen, und uns aufhalten. Diese Symptome können unterschiedlicher Natur sein, körperlich, emotional oder auch mental.

Manch einer bekommt in stressigen Momenten schnell Kopfschmerzen oder Verdauungsstörungen, der andere reagiert schnell aggressiv oder hat Konzentrationsprobleme. Das sind klare Zeichen, die uns unser Körper gibt, damit wir etwas ändern und vielleicht mal einen Schritt zurückgehen. Diese Symptome, die uns im Alltag begleiten, werden von uns selbst ausgelöst, um uns bewusst zu machen, dass etwas nicht in Ordnung ist.

Das Wichtigste hierbei ist, zu verstehen, warum dein Körper wie reagiert, damit du lernen kannst, einen Ausgleich zu schaffen. Nicht um allen Risiken und Reizen aus dem Weg zu gehen, um ja nicht das Nervensystem zu überfordern. Ganz im Gegenteil geht es darum, dass du mit Herz und Seele dein Leben genießt – im Einklang mit deinem Nervensystem.

Schaffe echtes Bewusstsein für deinen Körper. Denn jedes Symptom hat eine klare Bedeutung, auf neuronaler oder psychosomatischer Ebene. Somit ist auch nicht das Symptom das Problem, sondern es liegt in Wahrheit viel tiefer.

So kann es sein, dass du eine Erkältung hast, weil du gerade einfach eine Pause benötigst und dich zurückziehen sollst. Du hast also wortwörtlich die Nase von etwas gestrichen voll und dein Körper tut alles dafür, dass du dir die ersehnte Pause nimmst und in den Rückzug gehst. Ziemlich clever dieser Körper, oder?

Um dir ein weiteres Beispiel zu nennen, steht Durchfall im engen Zusammenhang mit Angst. Du machst dir sprichwörtlich vor Angst in die Hose. Hoppla.

Ein Symptom steht dir niemals im Weg. Es zeigt dir einen Weg auf. Einen Weg zu dir und deinen inneren Baustellen, die dir höchstwahrscheinlich gar nicht bewusst sind. Und somit zeigt dir jedes Symptom Möglichkeiten und Chancen auf, die du für dich nutzen solltest. Die Frage ist, ob du tust, was alle tun: wegschauen und mal schnell eine Ibuprofen schlucken. Oder versucht du, der Ursache wirklich auf den Grund zu gehen?

Wenn du dir jetzt beispielsweise ein neues Business aufbaust und dein Leben komplett verändern möchtest, wird höchstwahrscheinlich zunächst dein gesamtes System rebellieren. Dein System wird instabil. Dein Nervensystem wird auf die Barrikaden gehen und haufenweise Symptome ausschütten. Denn es wird so vieles Neues in deinem Alltag geben, was eine potenzielle Gefahr in sich birgt. Dein Nervensystem wird versuchen, dich zu schützen und dich daran zu hindern, deine Komfortzone zu verlassen. Genau das ist es aber, was du tun musst, um etwas zu ändern – deine Komfortzone verlassen. Zwangsläufig musst du beginnen, auf die Symptome zu achten, und sie hinterfragen. Das Gute ist, dass du hier von deinem Körper aufgezeigt bekommst, wo deine individuellen Baustellen sind, an denen du arbeiten darfst.

Wenn du dann noch weißt, wann sie ausgelöst werden, kannst du mit der Zeit lernen, dein Nervensystem zu entlasten. Es gibt diverse Übungen, sogenannte Neurodrills, die genau da ansetzen. Sie entspannen das Nervensystem und helfen dir, neue Muster besser zu integrieren. Es ist unglaublich hilfreich, wenn du in der Lage bist, mit deinem Nervensystem umzugehen. Gerade wenn du beabsichtigst, einige Änderungen in deinem Leben durchzuführen, ist es genial, wenn du weißt, wie man die Regentonne leert, bevor sie überläuft.

In meiner ersten Coaching-Session wurde mein Nervensystem erst einmal auf Herz und Nieren geprüft. Wir haben quasi untersucht, wie voll meine Regentonne ist. Puh, was soll ich sagen, wir konnten gar keinen Wasserstand mehr feststellen, da sie bereits in

Strömen am Überlaufen war. Auf dieser Basis habe ich bestimmte Drills ausprobiert und mir bleibt bei dem Gedanken an das Ergebnis immer noch der Mund offen stehen.

Beispielsweise haben wir herausgefunden, dass mein Tattoo einen unglaublich negativen Einfluss auf mein Nervensystem hatte. Um diesen Einfluss zu regulieren, sollte ich eine Übung ausprobieren, bei der ich einfach nur mehrfach über mein Tattoo klopfte, während ich tief ein- und ausatmete. Und ob du es glaubst oder nicht, es hat geholfen. So könnte ich dir jetzt Dutzende weitere Beispiele nennen, von Drills, die mir geholfen haben, gewisse Symptome zu bekämpfen, mein Wohlbefinden zu steigern und mir vor allem Kontrolle über meinen eigenen Körper gegeben haben.

Mir geht es hier nicht darum, dir ein Neurocoaching ans Herz zu legen. Vielmehr möchte ich deine Sinne schärfen für einen Prozess, der vollkommen automatisch in deinem Körper abläuft. Wir bemerken die Ursache und Wirkung nicht, wenn wir nicht beschließen, uns mehr darauf zu konzentrieren. Unser Nervensystem ist wie ein Türsteher zu unserem Wohlbefinden. Alle Faktoren, die Ärger oder Stress produzieren könnten, kommen einfach nicht in den Klub. Du stehst nicht auf der Liste, dann kommst du auch nicht rein. Du kannst zwar versuchen, deinen Nervensystem-Türsteher zu bestechen, mit Hilfsmitteln, die die Symptome unterdrücken, doch beim nächsten Mal kommst du trotzdem nicht rein.

Wenn du die Klubregeln aber kennst, kann die Party losgehen.

Es ist unglaublich hilfreich, wenn du in der Lage bist, mit deinem Nervensystem umzugehen.

Ernährung – eine geschickte Marketing-Lüge und wie ich voll darauf reinfiel

Fernsehen beeinflusst. So hat auch uns eine Netflix-Doku klar beeinflusst. In dieser wurden Krebserkrankungen mit Fleischkonsum in Verbindung gebracht. Für mich war das in diesem Moment ein rotes Tuch. Mein Papa starb an Krebs, so war es für mich klar, dass ich kein Fleisch mehr anrühren kann. Ich wurde von einem auf den anderen Tag Vegetarier, obwohl ich vorher sogar ziemlich gerne Fleisch gegessen habe. Von dieser Dokumentation wurde ich dermaßen getriggert, dass ich das Gesagte nicht einmal hinterfragt habe.

Einige Zeit später haben Tayler und ich dann sogar die Entscheidung getroffen, uns vegan zu ernähren. Das kam ebenfalls über Nacht, nachdem wir von Freunden in ein veganes Restaurant in Los Angeles eingeladen wurden. Es war unfassbar lecker und wir waren überzeugt davon, unserem Körper etwas Gutes zu tun. Vier Jahre haben wir uns vegan ernährt. Unser Kühlschrank war voll mit Obst und Gemüse, aber eben auch mit unzähligen Sojaprodukten. Das war übrigens genau die Zeit, in der ich mit all meinen Hormon- und Hautproblemen zu kämpfen hatte.

Findest du den Fehler?

Sicherlich ist diese Form der Ernährung für einige Menschen supergut geeignet. Doch zu uns hat sie nicht gepasst. Wir haben etwas in unser Leben übernommen, ohne zu prüfen, ob eine Stimmigkeit mit uns besteht. Wir sind in die Netflix-Marketing-Falle getappt und sind einem Trend gefolgt, der gefährlich ist. So viele Menschen übernehmen eine Ernährungsweise basierend auf emotionalen Informationen und nicht basierend auf rationalen Fakten. Meine Ernährung war Teil der Ursache all meiner körperlichen Beschwerden, was ich lange Zeit gar nicht in Zusammenhang gebracht habe.

Ich nahm mir erneut Hilfe an die Hand, um festzustellen, welche Ernährung am besten zu meinem Körper passt. Es gibt ein Testverfahren, um das zu prüfen. Das Ergebnis zeigte mir schwarz auf weiß, was meine Heilpraktikerin Michelle mir schon lange zu erklären versucht hatte: Veganismus war nichts für mich (für Tayler übrigens auch nicht)!

Zum Beispiel hat Soja aufgrund einer Östrogendominanz einen negativen Einfluss auf meine Hormone. Aber um ehrlich zu sein, habe ich vier Jahre lang jeden Tag Soja gegessen – Sojajoghurt zum Frühstück, Tofu und Sojasauce zum Lunch und Sojahack zum Abendessen. Nicht zu vergessen die Sojamilch in meinem Kaffee. Well done, Anika.

Erkennst du Parallelen zum vorherigen Kapitel? Unsere Körper sind nicht für Extreme und Einseitigkeit gemacht.

So kam es, dass wir nach vier Jahren Veganismus unsere Emotionen hintangestellt haben, um die rationale Entscheidung zu treffen, wieder alles zu essen. „Eat the rainbow", sprich: Eine sehr vollwertige und ausgewogene Ernährung war ab diesem Zeitpunkt das Motto. Und siehe da: Ich wurde nach eineinhalb Monaten mit Mylo schwanger. So viel zu den Zyklusproblemen.

Das hat mir aufgezeigt, dass das für mich der richtige Weg ist. Wie individuell Ernährung ist, war mir gar nicht klar.

Und das ist auch einer der Punkte, die ich dir mit auf den Weg geben will: Mach nicht den gleichen Fehler und übernimm einen Food-Trend, nur weil es gut und richtig klingt, ohne ihn zu hinterfragen. Passe deinen Ernährungsplan an die Bedürfnisse deines Körpers an. Was für uns funktioniert, muss nicht für dich funktionieren. Auch hier geht es um deine individuellen Bedürfnisse und nicht um das Verfolgen von Trends.

Zudem hat jedes Lebensmittel neben der Energie in Form von Kalorien auch Energie in Form von Schwingung. Ich gehe später in diesem Buch noch einmal genauer auf das Thema Energie ein, möchte jedoch an dieser Stelle bereits kurz erklären, dass alles in diesem Universum Energie ist. Denn unsere Erde und alles, was dazu gehört, besteht aus Atomen. Atome wiederum bestehen zu 99,9999 Prozent aus Energie und nur zu 0,0001 Prozent aus Materie. Klingt verrückt. Aber es ist tatsächlich so. Du bist Energie. Tayler und ich sind Energie. Dieses Buch ist Energie. Das Sofa, auf dem du gerade sitzt, ist Energie. Der Kaffee, den du vielleicht gerade trinkst, ist Energie. Und sogar deine Gedanken sind Energie.

Energie ist ständig in Bewegung und hat somit eine gewisse Schwingungsfrequenz. Auch in diesem Zusammenhang hat Einstein etwas Spannendes gesagt: „Gleiche dich der Frequenz der Realität an, die du möchtest, und du kreierst diese Realität. Das ist keine Philosophie. Das ist Physik."

Das bedeutet nichts anderes, als dass die verschiedenen Schwingungsfrequenzen einander anziehen. Wenn du selbst also auf einer hohen Frequenz schwingst, ziehst du automatisch Dinge in dein Leben, die ebenfalls hoch schwingen. Gleiches gilt natürlich auch für eine niedrige Schwingungsfrequenz. Um deine Ziele zu erreichen und dich grundlegend gut zu fühlen, ist es somit wichtig, dass du deine Frequenz hoch hältst. Dafür musst du dich von negativen Energien befreien und Raum schaffen für leichte und positive Energien. Vielleicht fragst du dich, warum ich dir all das gerade erzähle, obwohl sich dieses Kapitel doch eigentlich um das Thema Ernährung dreht. Weil dabei nicht nur spirituelle Tools, Achtsamkeit und Gute-Laune-Musik helfen, sondern auch hoch schwingende Lebensmittel – High Vibration Food.

Grundlegend gilt, je mehr Erd- und Sonnenenergie in Lebensmitteln gespeichert sind, desto höher schwingen sie. Natürliche Lebensmittel, die viel Erdboden und Sonnenlicht in sich aufnehmen konnten, wie beispielsweise frisches Obst und Gemüse, Kräuter, Nüsse, Samen, Hülsenfrüchte, Eier, Fisch, Fleisch und Milchprodukte helfen dir somit, deine Schwingung deutlich zu erhöhen. Stark verarbeitete und industriell hergestellte Lebensmittel

Passe deinen
Ernährungsplan
an die Bedürfnisse
deines Körpers an.

bewirken das Gegenteil. Der regelmäßige Besuch bei McDonalds und Co. wird dir demnach nicht gerade dabei helfen, deine Ziele zu erreichen, ganz abgesehen davon, dass es sowieso nicht gesund ist.

Starte doch gerne mal ein kleines Experiment und beobachte, wie sich deine Schwingung verändert, je nachdem, was du gegessen hast. Remember: Du bist, was du isst.

Du musst deinen Körper mit dem richtigen Treibstoff betanken, sonst wird die Fahrt ein Desaster. Das betrifft deine Gesundheit, dein Business und dein gesamtes Leben. Stopfst du dich jeden Tag mit Fastfood und anderer Nahrung zu, die du nicht verträgst oder deine Schwingung senkt, kannst du nicht erwarten, dass du völlig gesund bist, volle Leistung erbringen kannst und ein grundlegend positives Leben lebst. Vielleicht bist du genau deshalb unkonzentriert, aufgebläht oder einfach unzufrieden. Dein Körper braucht den richtigen Treibstoff. Oder würdest du deinen Diesel-Pkw mit Super betanken? Nein.

Nur mit dem besten Kraftstoff und vollem Tank hast du Power, um in deinem Business und im Privatleben durchzustarten.
Und ja, das bedeutet Arbeit:

- Du musst prüfen, welche Ernährung zu dir passt und welches Essen du nicht verträgst.
- Frische Lebensmittel müssen kurzfristig eingekauft und auch zeitnah verarbeitet werden.
- Nur wenn du selbst kochst, kannst du auch genau bestimmen, was auf deinen Teller kommt.
- Mit einem Essensplan für die ganze Woche behältst du den Überblick.

Wenn dir jetzt der Gedanke „Dafür habe ich aber keine Zeit!" durch den Kopf schießt, dann lass mich dir kurz erklären, warum du sie doch hast.

Diese Aussage kommt uns nämlich häufig ganz gelegen. Doch eigentlich haben wir Zeit. Oftmals liegt es eher an mangelndem Fokus oder Bewusstsein für diese eine Sache, die jedoch eigentlich so wichtig für dich ist. Nimm sie dir, um dir etwas Gutes zu tun. Damit kannst du in deiner Leistung und in deinem Wohlbefinden eine unglaubliche Kehrtwende machen. Dein Erfolg ist abhängig von dir. Und wenn dein Körper nicht in der Grundverfassung ist, Leistung zu erbringen, kannst du es gleich lassen.

An dieser Stelle, der Ernährung, ist deine Zeit sehr gut investiert. Eine Investition in dich selbst. Die Menschen, die sich jetzt keine Zeit für ihre Gesundheit nehmen, werden später viel Zeit damit verbringen, ihre Gesundheit wiederherzustellen.

Sport

Unser Körper ist darauf ausgelegt, genutzt zu werden. Er ist ein richtiger Kraftprotz, wenn er die Möglichkeit hat, Leistung zu zeigen. Auch ein Traktor ist eine solche Maschine, doch wenn er über Jahre nur in der Scheune steht, wird er rosten und verfallen. So ist es auch mit unserem Körper. Er steckt voller Energie. Wenn wir aber wortwörtlich unseren Hintern nicht hochbekommen und unser Potenzial nicht nutzen, wird unser Body verrosten, so wie der Traktor.

Bewegung hält uns fit und tut uns gut. Es wird dabei nicht nur Energie verbraucht, sondern auch Unmengen positiver Energie in uns freigesetzt. Welche Art der Bewegung du für dich nutzt, bleibt dir überlassen.

Tayler und ich konnten uns beispielsweise nie damit anfreunden, ins Fitnessstudio zu gehen, einfach weil wir bei der Benutzung der Geräte unsicher waren und uns neben all den Muskelpaketen nicht sonderlich wohl fühlten. Aus diesem Grund haben wir uns auch beim Thema Sport Unterstützung geholt, um anfänglich reinzukommen und dann auch am Ball zu bleiben.

Heute machen wir Sport und Bewegung zu einer täglichen Priorität. Wir gehen circa viermal die Woche ins Gym und laufen jeden Tag 10 000 Schritte. Es fühlt sich großartig an, so fit zu sein, und das wirkt sich auch positiv auf alle anderen Lebensbereiche aus.

Durchhaltevermögen und Disziplin sind hier die ausschlaggebenden Punkte. Du bekommst nun mal kein Sixpack, wenn du einmal trainierst, und du hältst auch keinen Marathon durch, wenn du nur ab und an ums Haus läufst. Wie fit und trainiert du dich fühlen möchtest, hängt von dir selbst ab. Auch welche Sportart du betreibst, ist dir überlassen. Ob du tanzt, reitest, Volleyball spielst oder ins Fitnessstudio gehst, ist vollkommen egal. Sport trägt grundsätzlich zu einem besseren Selbstgefühl bei, und gleichsam trainierst du beim Sport auch Disziplin und Durchhaltevermögen. Beides benötigst du auch für dein Business.

Alle „Werde-schnell-reich-Businesskonzepte" triggern nämlich genau diese Schwäche. Es geht leider nicht, über Nacht reich zu werden, außer du gewinnst im Lotto. Du musst viel Energie und Ehrgeiz an den Tag legen, um Erfolg zu haben. Genau wie beim Sport. Daher versuche erst mal beim Sport dein Durchhaltevermögen und deine Disziplin zu trainieren, dann fällt es dir nachher auch leichter, es auf dein Business zu übertragen.

Und wieder musst du da nicht alleine durch, wenn dir gerade dieser Bereich schwerfällt. Wir haben uns, wie bereits erwähnt, ebenfalls Unterstützung geholt, und das funktioniert sogar digital. Wir haben einen Personal Trainer, der uns einen Trainings- und Ernährungsplan erstellt. Er geht mit uns nicht persönlich ins Gym, sondern steht uns digital beratend zur Seite. So haben wir die individuelle Unterstützung und größtmögliche Flexibilität, die wir benötigen.

Dein Körper braucht einfach einen Ausgleich zum Alltag. Gib dir selbst die Möglichkeit, Stress abzubauen und deinen Kopf frei zu bekommen.

Durchhaltevermögen und Disziplin sind hier die ausschlaggebenden Punkte.

Routinen und Gewohnheiten

Ich habe Tausende Gewohnheiten in meinem Alltag. Wie sieht das bei dir aus? Viele davon sind unbewusst. Leider sorgen nicht alle dafür, dass wir unseren Zielen näherkommen, sondern sie bremsen uns eher ab.

Wie oft greifst du täglich nach deinem Handy? Passiert es dir auch, dass du durch Instagram swipest und die Zeit ganz dabei vollkommen vergisst?

Nur weil wir Dinge schon ewig gleich gemacht haben, heißt es nicht, dass sie auch gut für uns sind. Die meisten tun uns leider weniger gut, als sie sollten. Es ist Zeit, neue, zielführende Gewohnheiten einzuführen. Solche, die dich darin unterstützen, ein zufriedenes Leben zu führen, ein florierendes Business zu etablieren und auf dein Säulenkonto einzuzahlen.

Es gibt die unterschiedlichsten Tipps und Tricks, und als ich feststellte, dass ich mein tägliches Verhalten anpassen muss, habe ich einige davon ausprobiert. Ich habe gelesen, dass es einem guttun soll, wenn man täglich eine strikte Routine einhält. Das habe ich dann auch eine Zeit lang gemacht. Ja, ohne es zu hinterfragen. Jeden Tag zur gleichen Zeit aufstehen, Zähne putzen, ab in die Sportklamotten, 30 Minuten Yoga, 15 Minuten meditieren, Journal schreiben, duschen, Frühstück. Hört sich grundlegend gut an, jedoch hat sich da der Fehler wieder eingenistet. Ich habe ein fremdes Muster übernommen, ohne es auf mich und meine Bedürfnisse abzustimmen.

Wir dürfen niemals vergessen, wie individuell wir sind. Unsere eigenen Bedürfnisse und Vorstellungen werden nie komplett zu denen eines anderen Menschen passen. So habe ich es anders probiert. Back to the roots. Ich habe begonnen, eine Liste zu führen mit unbewussten Gewohnheiten und eine mit Gewohnheiten, die ich bewusst in mein Leben integrieren möchte. Und das würde ich auch dir empfehlen.

Ich habe meinen Alltag beobachtet und notiert, ...

- ... welche Dinge ich regelmäßig tue,
- ... warum ich sie tue
- ... und ob die Dinge, die ich tue, mir einen Mehrwert bieten.

Und natürlich habe ich auch vermerkt, ...

- ... welche Routinen mir guttun,
- ... welche Gewohnheiten dafür sorgen, dass ich mich gesünder und fitter fühle,
- ... welche täglichen Dinge mehr Gelassenheit in mir auslösen und mich entspannen
- ... und wie ich am besten auf bestehende Symptome eingehen könnte.

Was sind Routinen eigentlich?

Eine Routine bedeutet in meiner Definition, dass ich bestimmte Dinge regelmäßig tue, in dem Maße, in dem es mir guttut. Das bedeutet also nicht, dass ich strikt jeden Tag einen identischen Tagesablauf haben muss, sondern dass es da einen gewissen Spielraum gibt. Dieser Spielraum spiegelt meine Bedürfnisse wider. Ja, es tut mir gut, morgens immer zur gleichen Zeit aufzustehen. Und doch gibt es Tage, an denen ich mich nicht danach fühle. Dann zwinge ich mich nicht dazu, denn mein Körper braucht dann die extra Stunde Schlaf, um den Akku aufzuladen. Heute, als Mama eines kleinen, sehr energetischen Kindes, ist das natürlich sowieso noch mal ein anderes Thema – SEND HELP!

Wie könnten bewusste Gewohnheiten aussehen?

Die Veränderung muss nicht deinen kompletten Tag umschmeißen. Versuche, klein zu beginnen und die Änderungen step by step in deinem Leben zu etablieren. So wie wir oben bereits gelernt haben: Zu viel Neues auf einmal könnte unser Nervensystem zu stark strapazieren und zu neuen Symptomen führen.

Beginne also mit kleinen neuen Routinen, wie zum Beispiel morgens den Kaffee an der frischen Luft zu trinken, ohne parallel am Handy News auf Social Media und aus der Welt zu verfolgen. Genieße den Moment bewusst. Auch kurze Meditationen helfen, den Moment wahrzunehmen, und sorgen für Entspannung sowie ein besseres Gefühl für den eigenen Körper.

Ebenfalls zählen Pausen zu guten bewussten Gewohnheiten. Das kann ganz individuell sein. Tue etwas, was dir hilft, deinen Akku wieder aufzuladen. Überlege dir, wovon du genau jetzt eine Unterbrechung benötigst, damit du deine Auszeit auch effektiv nutzen kannst. Es ist egal, ob du in der Zeit meditierst, Netflix schaust, Sport machst oder die weltbesten Cookies backst – ich persönlich liebe es zu backen. Mach in deiner Pause das, was dir einen Ausgleich bietet. Die Dauer bestimmst du. Hauptsache, dein Akku lädt wieder auf. Danach kannst du mit voller Power wieder in den Tag starten und dein Business anpacken.

Es muss nicht alles sofort funktionieren oder perfekt sein. Das Entscheidende ist, dass du dranbleibst und dein eigentliches großes Ziel nicht aus dem Fokus verlierst.

Learnings

- Es ist nicht normal, wenn du körperliche oder auch mentale Beschwerden hast. Es ist normal, wenn es dir gut geht.
- Vergiss nicht, jedes Symptom hat eine Ursache.
- Symptome zeigen dir einen Weg auf.
- Unser Nervensystem ist wie ein Türsteher zu unserem Wohlbefinden. Schaffe Bewusstsein für die Warnsignale, die dein Nervensystem dir schickt, und lerne es zu regulieren.
- Achte auf deine Ernährung. Dein Körper braucht hochwertige Energien, um Leistung erbringen zu können.
- Zeit ist nie das wahre Problem. Für Dinge, die uns wichtig sind, finden wir immer Zeit. Setze Prioritäten und finde deinen Fokus.
- Disziplin und Durchhaltevermögen sind Tugenden für den Sport und auch für dein Business.
- Tausche schlechte Gewohnheiten durch bewusste dir guttuende Routinen aus.
- Nimm dir bewusste Pausen, um deinen Akku wieder aufzuladen.

„Escape and Arrive"-Fragen

- Was bedeutet Gesundheit für dich?
- Wie geht es dir wirklich?
- Wie fühlst du dich körperlich?
- Wie fühlst du dich mental und emotional?
- Wie fühlst du dich energetisch?
- Welche Symptome begleiten dich derzeit und halten dich davon ab, ein erfülltes Leben zu leben? (Tipp: Führe hier gerne über die nächsten Tage und Wochen hinweg eine Art Symptom-Journal)
- Was ist die wirkliche Ursache deiner Symptome?
- Was sollen dir diese Symptome für deinen Weg sagen?
- Welche Veränderungen würden dir helfen, dich besser zu fühlen?
- Was bedeutet gesunde Ernährung für dich?
- Wie ernährst du dich? (Entspricht deine Definition deiner tatsächlichen Ernährung?)
- Was machst du, um fit zu sein oder zu bleiben?
- Wofür würdest du dir gerne im Bereich Gesundheit mehr Zeit nehmen? Was hält dich derzeit noch davon ab?
- Welche drei gesunden Routinen oder Gewohnheiten kannst du ab jetzt in deinen Alltag implementieren?

Kapitel 4

Spiritualität – Finde dein magisches Ich

von Anika

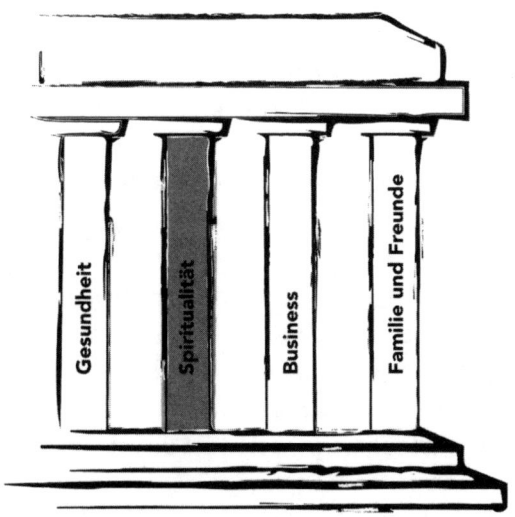

In unserer heutigen Gesellschaft leben wir überwiegend nach außen gekehrt. Wir orientieren uns unentwegt an dem, was um uns herum passiert. Und meistens verhalten wir uns so, wie es von uns verlangt wird und uns antrainiert wurde. Es ist eben auch unglaublich einfach, sich abzulenken, da wir gefühlt im prasselnden Regen stehen. Wir werden mit fremden Eindrücken, Meinungen und Entscheidungen berieselt, sodass wir uns nur auszusuchen brauchen, was davon wir kopieren wollen. Copy and Paste ist jedoch leider nicht immer der beste Weg, besonders wenn es um dein eigenes Leben und dein wahres Ich geht.

Die zweite Säule unseres Fundaments ist die Spiritualität. Hier geht es im Grunde darum, sich selbst ein Stückchen näherzukommen, bezogen auf den eigenen Geist und die Seele. Für uns bedeutet Spiritualität nichts anderes als innere Arbeit – den eigenen Geist und die eigene wahre Identität erkunden. Quasi eine Reise zu sich selbst, die mithilfe bestimmter Praktiken unglaublich spannend sein kann.

Spiritualität dreht sich darum, zu erkunden, was du wirklich willst und wer du wirklich bist. Es geht darum, nach innen zu hören und zu verstehen, wie du als energetisches Wesen funktionierst. Genau das wirst du jedoch nur herausfinden, wenn du beginnst, die Außenwelt ein Stück weit von deinem Bewusstsein abzukoppeln oder einfach mal alles auf *mute* zu stellen. Das ist erneut eine Investition in dich selbst.

Ich glaube übrigens daran, dass da noch mehr ist als unser Körper und unser Geist – etwas Größeres. Wir leben in einem Fluss voller Energien, und wenn man es einfach einmal für einen Moment zulässt, kann man sie spüren und sogar beeinflussen. Wenn du das erst ein mal beherzigt hast, wirst du verstehen, wie grenzenlos du eigentlich bist.

Die Welt ist voller Möglichkeiten. Und es ist vollkommen egal, woran du genau glaubst. Ob es eine Gottheit ist oder das Universum, wichtig ist, dass du glaubst und Vertrauen ins Leben hast. Denn eines ist sicher: Das Leben ist immer auf deiner Seite. Ich persönlich glaube übrigens an das Universum und werde es auch immer wieder in diesem Kapitel erwähnen.

Und nein, wir haben uns nie wirklich als „Spiris" gesehen. Wenn man es genauer betrachtet, befasst sich jeder mit Spiritualität, der sich mit seinem Innersten beschäftigt. Du musst nicht spirituell sein. Du musst einfach nur du selbst sein. Es dreht sich alles darum, sich bewusst zu machen, wer man wirklich ist, und nicht, wer man immer versucht hat zu sein. Und dafür musst du nicht täglich stundenlang meditieren oder bestimmte spirituelle Praktiken ausüben. Tayler zum Beispiel konnte mit all dem spirituellen Zeugs lange, lange Zeit nichts anfangen. Er hatte es einfach nicht verstanden. Ehrlich gesagt hatte er sich auch nicht damit beschäftigt. Verrückt, wenn man heutzutage seinen Arm ansieht, denn darauf hat er sich seinen spirituellen Weg verewigt, sodass er sich immer wieder selbst daran erinnern kann. Ich fand Spiritualität schon immer spannend und es zog mich förmlich an. Den richtigen Zu-

Das Leben
ist immer auf
deiner Seite.

Du musst
einfach nur
du selbst sein.

gang dazu habe ich aber erst später gefunden, denn auch ich hatte dieses typische Bild des klassischen „Spiris" im Kopf – wie falsch diese Einstellung war, merkte ich erst einige Zeit später.

Möchtest du Techniken wie Atemübungen, Meditation oder Yoga ausprobieren, dann finde ich das großartig. Wenn es dir hilft, ein Tagebuch zu schreiben, um dein Gedankenchaos zu sortieren, dann ist das perfekt. Wenn all das nicht zu dir passt, dann ist auch das vollkommen okay. Spiritualität ist ungeheuer individuell. Schaue nach außen und sehe deine Möglichkeiten, schaue nach innen und fühle, was dich widerspiegelt.

Es bleibt ebenfalls dir überlassen, ob du dich überhaupt mit dem Thema Spiritualität auseinandersetzen möchtest. Ich möchte es dir an dieser Stelle jedoch wärmstens ans Herz legen. Denn wenn es dein Ziel ist, ein glückliches und erfülltes Leben in allen Bereichen zu führen, dann musst du herausfinden, wer du wirklich bist und was du willst. Nur du. Ganz unabhängig von den Stimmen im Außen. Unabhängig von dem, was andere darüber denken. Es ist dein Leben und es geht hier um dich und deine magische Individualität. Lässt du diesen Schritt einfach aus, wirst auch du weiterhin nur ein „Copy-and-Paste-Leben" führen, wie unzählige Menschen auf der Welt, die sich beschweren und unglücklich sind, aber die Energie nicht aufbringen wollen, um etwas zu ändern. Ich zitiere Einstein gerne ein weiteres Mal und wahrscheinlich auch nicht das letzte Mal in diesem Buch: „Die Definition von Wahnsinn ist, immer das Gleiche zu tun und andere Ergebnisse zu erwarten."

Unser Weg zur Spiritualität

Fast acht Jahre haben wir in Dubai gelebt. Das ist nicht gerade ein Ort, der für Spiritualität bekannt ist, sondern eher für Status. Dort richtet sich der Fokus überwiegend nach außen: Welches Auto fährst du? Welche Markenklamotten trägst du? Wer hat eine Luxuswohnung und wer die teurere Uhr? Ganz verrückt: Wer hat weniger Zeichen auf seinem Nummernschild? Höher, schneller, weiter, besser lautet das Motto. Ich möchte hier einmal infrage stellen, ob Menschen, die so sehr im Außen leben, wirklich frei und vor allem glücklich sind?

Damals habe ich mir eingeredet, dass Dubai aufgrund dieser Umstände nicht der perfekte Ort für Spiritualität ist, jedoch ist mir im Nachhinein bewusst geworden, dass es egal ist, wo man sich befindet. Du kannst überall spirituell sein und dein Wesen ergründen. Der Glaube an das Universum und an den Fluss der Energien ist unabhängig von deiner Umgebung.

Dennoch gab es irgendwann den Moment, wo ich eine Veränderung brauchte. Und Tayler ging es auch so. Wir wollten tiefer in die Materie eintauchen, und dafür mussten wir unseren Wohnort wechseln. Es war ein innerer Drang nach einer Veränderung. Ein ständiges Anstupsen, das wir irgendwann nicht mehr ignorieren konnten. Einen genauen Plan gab es jedoch lange Zeit nicht.

Der Entschluss kam erst 2020 während der Corona-Pandemie. Wir mussten, wie viele andere Paare, unsere Hochzeit nach langen Überlegungen schweren Herzens absagen und um ein Jahr verschieben. Nicht gerade ein leichter Schritt, wenn man sich bereits ein Jahr lang wie Bolle darauf gefreut hat. Aber hey, am Ende hatte auch das alles seinen Sinn. Eines Abends saß Tayler auf der Couch und durchforstete YouTube. Dort entdeckte er das Video eines schwedischen Paars, das in ein Projekt auf einer Insel namens Lombok in Indonesien investiert hatte. Wir kannten diesen Ort nicht, hatten diese Insel noch nie vorher besucht und doch weckte sie eine Sehnsucht in uns. Dieses Anstupsen im Inneren wurde immer stärker.

Die Bilder dieser Insel waren genau so, wie man sich ein Inselleben im indonesischen Paradies vorstellt: weiße Strände, kristallklares Wasser, Wellen perfekt zum Surfen. Tayler hat in derselben Nacht noch bis tief in die Nacht weiter recherchiert, bis er den

Gründer des Projekts gefunden hat. Am nächsten Morgen weckte er mich viel zu früh, um mir mit funkelnden Augen davon zu berichten. Im ersten Moment war ich vollkommen überfordert und wusste nicht so recht, was er mir mit all dem sagen wollte. Doch seine Freude und Aufregung waren absolut ansteckend und so war auch ich sehr schnell angetan und freundete mich immer mehr mit dem Gedanken an, mal etwas komplett anderes zu machen. Ich wusste ja bereits, dass Tayler manchmal etwas durchgeknallt war, aber das, was er mir hier präsentierte, klang wie eine völlig verrückte und unüberlegte Idee, zeitgleich entstand dadurch aber in meinem Kopf genau das Bild, welches sich so unglaublich nach „zu Hause" anfühlte. Versteh mich nicht falsch, Dubai war toll. Toll für Tayler und mich und die Personen, die wir dort sechs Jahre lang waren. Wir waren aber durch mit dem Thema Status, Wüste und bling bling. Wenn die Corona-Pandemie eine positive Seite hatte, dann das viele Menschen endlich Zeit hatten für sich. Wir haben uns die essenziell wichtigsten Fragen gestellt und sind zu dem Entschluss gekommen, dass Dubai es nicht mehr sein sollte. Tayler ließ nicht locker und wir verliebten uns immer mehr in die Idee, auf einer Insel zu leben. Blöd war nur, dass aktuell der Flughafen geschlossen war und es in Indonesien ein Einreiseverbot für Touristen gab.

Was soll ich sagen? Nach nur einem Telefonat mit dem Gründer unterschrieben wir einen Vertrag und kauften drei Wochen später ein Grundstück auf einer Insel, auf der wir noch nie waren. Von der Mega-Metropole in ein Drittweltland, von der Wüste in den Jungle, von achtspurigen Autobahnen zu holprigen und matschigen Feldwegen. Halleluja.

Zur Erinnerung: Wir waren noch nie auf dieser Insel. Es war ein YouTube-Video, das uns dazu bewegt hat, diese Entscheidung zu fällen. Den Gründer haben wir einmal gesprochen und ansonsten kannten wir keinen, der uns auch nur ansatzweise erzählen konnte, ob das dort wirklich so aussieht, wie man es auf Google sah.

Wir sollten für unser Risiko belohnt werden.

Wenn ich daran denke, dass ich in dieser Sekunde, in der ich diese Zeilen schreibe, in unserer Küche sitze, in dem Haus, welches auf genau diesem Grundstück steht, das wir basierend auf einem YouTube-Video gekauft hatten, dann ist dies der pure Beweis dafür, dass unser Leben und das Universum immer auf unserer Seite sind. Wow, um ehrlich zu sein, macht mich das selbst ein wenig sprachlos.

Es hat uns sprichwörtlich bewegt. Emotional gesehen war das eine Achterbahnfahrt. Unser Verstand, die Logik, hätte niemals zugelassen, dass wir so etwas tun. Wer verlegt denn seinen Lebensmittelpunkt an einen vollkommen unbekannten Ort? Und dann direkt etwas kaufen? Die meisten Menschen haben diesen Schritt sofort als vollkommen verrückt und naiv abgestempelt. Tayler erinnerte mich in diesem Moment an etwas sehr Spannendes. Als er 2014 nach Dubai auswanderte, sagten ihm die Menschen auch, er sei naiv und es wäre keine gute Idee, diesen Schritt zu gehen. Wir beide schmunzelten uns an und wussten genau, dass wir das Richtige tun. Es war uns vollkommen egal, denn unser Bauch wusste genau, was er tat. Er traf für uns die beste Entscheidung seit Langem. Als wir diese Insel im Netz gesehen haben, war uns das Anstupsen total klar. Es ergab Sinn. Denn genau da mussten wir sein. Das fühlte sich richtig an.

Im Oktober 2020 haben wir dann alle Zelte in Dubai abgerissen und sind trotz herausfordernder Einreisebestimmungen nach Bali gezogen, der Nachbarinsel von Lombok. So waren wir in der Nähe, um den Bau unseres Hauses zu verfolgen.

Das Interessante dabei ist, dass laut Human Design, einem Persönlichkeitsentwicklungstool, auf das ich gleich noch genauer eingehen werde, mein idealer Ort zum Leben die Küste ist und Tayler sich in Gebirgen am wohlsten fühlt (unser Haus steht auf einem Berg, direkt am Meer). Das wussten wir zu diesem Zeitpunkt aber noch nicht, da wir uns erst später mit Human Design auseinandergesetzt haben. Was wir zu diesem Zeitpunkt jedoch schon gespürt haben, war dieses starke Kribbeln im Bauch, dieses Feuer, das bei dem Gedanken an ein eigenes Haus auf Lombok aufkam. Und so haben wir auf unser Innerstes gehört, gespürt, was wir wirklich brauchen, und diese Entscheidung tief aus dem Bauch heraus getroffen. (Was übrigens genau unserer Human-Design-Entscheidungsweisheit entspricht, aber auch dazu später mehr.)

Bali ist zudem ein Hotspot für Spiritualität. Dort findet man Tausende Möglichkeiten, sich spirituell auszuleben. Perfect match würde ich behaupten, denn wir wollten Spiritualität endlich in unseren Alltag integrieren und einfach offen sein für die verschiedenen spirituellen Methoden und Praktiken.

Ich möchte kurz daran erinnern, dass wir nicht aktiv geplant hatten, nach Bali zu ziehen. Hätten wir unsere Hochzeit nicht verschieben müssen, hätten wir wahrscheinlich niemals die finanziellen Mittel für die Anzahlung unseres Grundstücks gehabt und wären diesen Schritt sicher nicht gegangen. So viel zum Thema „Das Leben ist immer für dich".

Angekommen im Paradies für Spiritualität war es nun also an der Zeit, die verschiedensten Tools auszuprobieren, zum Beispiel Breathwork. Das war etwas komplett Neues für uns beide und hat sich zu Beginn wirklich komisch angefühlt. Wir mussten uns gezielt darauf einlassen. Und es hat sich gelohnt. Die Erkenntnisse, die wir daraus gewannen, waren unglaublich. Das hat so viel mit mir gemacht. Später dazu mehr.

Wir haben begonnen, unseren Blick nach innen zu richten. Das ist auch der Grund, warum wir da sind, wo wir sind, und warum wir selbstbewusst unsere ganz eigene Definition von Erfolg mit der Welt teilen können.

Und schon mal vorab: Alle Erfolge, die wir erzielt haben, basieren auf genau dieser Entscheidung – unseren Blickwinkel zu ändern, von außen nach innen. Der Schlüssel war, dass wir uns unserer selbst bewusst geworden sind.

Der Blick nach außen ist für die Masse der Menschen gemacht. Hast du dich jemals gefragt, warum es nicht jeder schafft, ein wirklich erfülltes Leben zu leben? Weil die meisten Menschen ihre Individualität und damit ihr wahres Ich nicht sehen, kennen und leben.

Routinen und Bewusstsein

Es geht nicht darum, sehr spirituell zu sein, und auch nicht darum, dein komplettes Leben auf links zu drehen. Du musst auch nicht unzählige Praktiken, wie stundenlange Meditation, zelebrieren. Beginne erst mal im kleinen Rahmen. Das können wirklich nur ein paar Minuten täglich sein, in denen du dir bewusst die Zeit für dich nimmst. Wie beim Thema Gesundheit ist es auch hier der beste Weg, mit kleinen, bewussten Gewohnheiten zu starten. Mache Dinge, die dir einfach guttun. Es gibt so vieles, was du ausprobieren kannst. Und es muss nicht extrem zeitaufwendig und kostspielig sein. Wenn du nur 15 Minuten täglich dafür verwenden möchtest, dann ist das ein wundervoller Anfang. Am Ende des Tages sind es die kleinen Dinge, die große Ergebnisse hervorrufen können.

Schaffe dir ein Bewusstsein für all das und nimm dir bewusst Zeit und Pausen dafür. Ohne das wirst du gar nicht in der Lage sein, dein Inneres zu erkunden. Wie willst du denn Antworten finden, wenn du dir keine Zeit nimmst, um dir überhaupt lebensverändernde Fragen zu stellen? Woher willst du wissen, wohin der Weg dich führt, wenn du dich mit verschlossenen Augen durchs Leben schieben lässt? Du wirst dir niemals der Energien des Universums bewusst sein, wenn du dich nicht darauf einlässt.

Lege für dich ein Ziel fest, wohin deine Reise ins Innere gehen soll. Das macht es einfacher, die Routinen darauf auszulegen.

Beispiele für Ziele:

- Hast du Fragen, auf die du eine Antwort suchst?
- Möchtest du dich mehr auf etwas Bestimmtes fokussieren?
- Willst du deine Gedanken ergründen?
- Möchtest du grundlegend dein Leben verändern?
- Willst du den Sinn deines Lebens definieren?
- Willst du Ziele und Visionen definieren?
- Willst du Stress reduzieren?

Zu diesen bewussten Routinen kann **Meditation** gehören. Meditation ist ein unglaublich kraftvolles und gleichzeitig vielseitiges Tool, bei dem du ganz individuell entscheiden kannst, wie du es für dich nutzen möchtest. Du kannst den Zeitrahmen selbst festlegen und auch die Bedingungen um dich herum. Es ist irrelevant, ob du drei Minuten täglich im Liegen bei entspannter Musik meditierst oder eine Stunde im Schneidersitz. Du kannst auch nur einige Zeit bewusst deine Atmung beobachten oder dem Fluss deiner Gedanken lauschen. Ob du ein großes oder ein kleines Ritual daraus machst, ist egal. Mach es so, wie es sich für dich richtig anfühlt und wie du es am besten in den Alltag integrieren kannst.

Neben Meditation ist auch **Journaling**, also Tagebuchschreiben, ein super Weg, sich bewusst Zeit für sich selbst zu nehmen. Setze dich einfach hin und schreibe deine Gedanken auf. Ein weiteres unglaublich individuelles Tool. Der eine mag es, in ein schickes Tagebuch zu schreiben, der andere schreibt seine Gedanken in Form von Romanen am Laptop, wieder jemand anders notiert sich nur Stichpunkte auf Papier. Egal wie, es hilft manchen Menschen beispielsweise dabei, besser einzuschlafen, gerade wenn das Gedankenkarussell wieder angeht. Schreib vor dem Schlafen alles nieder und lass es los.

In meiner Kindheit hat gefühlt jeder ein geheimes Tagebuch verfasst und seine Gedanken ungefiltert niedergeschrieben. Wer macht das denn heutzutage noch? Die Menschen sind so verkopft geworden, dass sie kaum mehr Zugang zu ihren eigenen Gedanken haben. Niemand ist sich mehr bewusst, was in seinem Innersten den ganzen Tag über vorgeht. Da ist das Journaling unfassbar hilfreich. Es schafft dir mehr Zugang zu deinem Gedankenwirrwarr und deinen Emotionen.

Es gibt unzählige Tools, die du nutzen kannst. Meditation und Journaling gehören zu den Basics, mit denen du super starten kannst, um den ersten Zugang zur Spiritualität zu erhalten.

Mir haben diese beiden Praktiken unglaublich dabei geholfen, Antworten auf einige wichtige Fragen zu bekommen, gerade im Bereich Business.

Meine Fragen waren beispielsweise:

- Wo liegt mein Potenzial, welches ich ins Business einfließen lassen kann?
- Was will ich wirklich vom Leben?
- Wie kann ich mich mit unserem Business verwirklichen?
- Wie kann ich Erfüllung finden für mein Leben, im Rahmen des Business?

Ich hätte niemals Antworten erhalten, hätte ich nicht begonnen, mir bewusst Zeit einzuräumen, um mal in mich reinzuhören. Nur so konnte ich verstehen, was ich will.

Diese bewussten Pausen sind einfach Gold wert, um für sich selbst Klarheit zu schaffen. Denn mal ehrlich, es schwirren uns doch unzählige Gedanken durch den Kopf, genau genommen sind es rund 60000 Gedanken pro Tag. Besonders dann, wenn man wieder Stunde um Stunde ins Business investiert hat, steht der Kopf nicht still. Es tut uns einfach gut, mal einen Schritt zurückzugehen, um das Wesentliche wieder fokussieren zu können.

Also: Vergiss nicht, dir bewusste Pausen zu nehmen.

Breathwork

Als wir nach Bali zogen, hatten wir uns vorgenommen, offener für spirituelle Meth1oden zu sein. Das haben wir dann auch gleich in Angriff genommen. Ein Freund machte uns auf einen unglaublich charismatischen Mann namens Edward Dangerfield aufmerksam. Allein sein Name macht ihn zu einer absoluten Legende. Er ist Breathwork-Experte und unsere Hoffnung war, dass er uns dabei helfen könnte, einige Probleme loszuwerden. Wir verabredeten uns mit ihm zum Kaffee, um mehr über das Thema zu erfahren.

Das war unsere allererste Begegnung, und doch wusste er ab dem Zeitpunkt, als wir unseren Kaffee bestellten, was unsere Probleme waren.

Er konnte, basierend auf der Art und Weise, wie wir unsere Getränke bestellt und dabei geatmet haben, feststellen, wo unsere Challenges lagen. Unsere Beschwerden lagen für ihn innerhalb von Minuten klar auf der Hand. Er wusste beispielsweise, dass ich Schwierigkeiten mit meinem Zyklus hatte, und auch Taylers Beschwerden konnte er auflisten. Noch einmal: Wir haben diesen Mann an diesem Tag zum ersten Mal getroffen. Einfach nur verrückt. Wir waren in diesem Moment baff und haben ihn erst ein mal nur mit offenem Mund angestarrt.

Breathwork bedeutet übersetzt Atemarbeit. So werden Übungen bezeichnet, die speziell die Atemkraft fördern und damit das Nervensystem regulieren sollen. Es sind spezielle Atemübungen, in denen besonders viel Sauerstoff in den Körper geleitet wird. Der Atem ist nämlich unglaublich wichtig, nicht nur, weil wir Sauerstoff benötigen. Durch gewisse Atemtechniken kannst du dein Körpergefühl stärken, dein Nervensystem beruhigen, Emotionen freisetzen, Blockaden lösen, Stress reduzieren und vieles mehr.

Wenn du dich im Kapitel zum Thema Gesundheit gefragt hast, wie du dein Nervensystem wieder regulieren kannst, dann ist das eine von vielen möglichen Antworten. Innerhalb von wenigen Sessions ist es möglich, das Nervensystem neu zu programmieren, sodass du wieder richtig atmest. Ja, du hast richtig gelesen, die meisten Menschen atmen komplett falsch, sprich schnell und flach.

Jeder Mensch atmet bis zu 23 000-mal am Tag. Das funktioniert komplett unbewusst. Die Atmung begleitet uns vom ersten Moment, den wir auf dieser Welt sind, bis zu unserem letzten. Leider vergessen wir viel zu häufig, wie wichtig das Atmen für unseren Körper sowie für unseren Geist ist. Es ist ein elementarer Vorgang in unserem Körper, ohne den wir nicht leben können. Sei dir deiner selbst bewusst. Das bezieht sich auch auf deine Atmung. Versuche, sie achtsam und bewusst wahrzunehmen.

Folgendermaßen sind wir in das Thema eingestiegen (probiere es hier an der Stelle einfach selber einmal aus): Leg eine Hand auf deinen Brustkorb und die andere auf deinen Bauch. Zähle bis drei und atme dann einmal tief ein und aus.

An welcher Stelle hast du deine Atmung, die Erhebung gespürt? Bauch oder Brustkorb?

Die meisten Menschen atmen nur sehr flach in den Brustkorb und nicht bis tief in den Bauch. Das ist leider nicht der richtige Weg. Daran sieht man, dass die meisten Menschen eher kopflastig sind, da die Atmung über den oberen Körperbereich erfolgt.

Mit einem richtigen Atemzug füllst du zunächst deinen gesamten Bauchraum inklusive Unterleib, dann deine Lunge und dann sogar den Hals, und erst dann atmest du wieder aus.

Dass du eventuell nicht richtig atmest, bedeutet aber nicht, dass dieser Zustand unveränderlich ist. Wir können lernen, wieder richtig zu atmen. Innerhalb von ein oder zwei Sessions lässt sich das wieder umprogrammieren, egal wie lange du vorher falsch geatmet hast. Dein Unterbewusstsein speichert die neue Atemtechnik unglaublich schnell ab, sodass du dann auch unbewusst wieder richtig atmen kannst. Alle derartigen Muster, die wir uns über die Zeit antrainiert haben, lassen sich wieder ändern. Ist es

Sei dir deiner selbst bewusst. Das bezieht sich auch auf deine Atmung. Versuche, sie achtsam und bewusst wahrzunehmen.

nicht der Wahnsinn, wozu wir imstande sind? Mit der richtigen Atemtechnik nimmst du dich selbst ganz anders wahr. Du wirst dir selbst bewusster, was dich dabei unterstützen kann, dein wahres Ich zu erkunden.

Wir, Tayler und ich, haben mehrere Sessions durchlaufen oder haben sie besser gesagt „durchgeatmet". Unsere Atmung haben wir neu programmiert. Der Einfluss auf unser Leben war enorm, auf körperlicher und psychischer Ebene. Tayler hat es geholfen, Klarheit in seine Gedankengänge zu bekommen. Sein Kopf war häufig überflutet von Gedanken, was Kopfschmerzen ausgelöst hat. Mit Breathwork war er in der Lage, sein Nervensystem zu resetten und somit an der Ursache dieses Symptoms zu arbeiten. Und gerade mithilfe der Atemtechnik kam er mehr in die weibliche Energie. So bekam er den benötigten Ausgleich von Yin und Yang.

Wie bereits im letzten Kapitel erwähnt, steht Yang für männliche und Yin für weibliche Energien. Unser Wesen sehnt sich nach dieser Balance, dem Ausgleich beider Energien. Somit ist es sowohl für Männer als auch für Frauen sehr wichtig, beide Energien zu leben.

Tayler hat die Ursachen eines Ungleichgewichts am eigenen Leib gespürt. Es gab eine Phase, die mehrere Jahre andauerte, in der er überwiegend auf den Job fixiert war. Er ist regelrecht im Job versunken und hat kaum geschlafen. Das hat dann auch seine Spuren hinterlassen. Sein Körper hatte mit immer mehr seltsamen Symptomen zu kämpfen. Wir Menschen sind grundsätzlich auch nicht darauf ausgelegt, unentwegt in Extremsituationen zu leben. Das schafft automatisch ein Ungleichgewicht. Tayler ist mit unserem Business bis an seine Grenzen gekommen. Er befand sich übermäßig in der männlichen Energie, was ihm auf Dauer nicht gut getan hat. Breathwork war für ihn die Lösung. Er konnte wieder ein Gleichgewicht herstellen und war im Endeffekt in der Lage, sogar mehr Power ins Business zu stecken als vorher, und das, obwohl er weniger Zeit in diesen Lebensbereich investierte. Sein Akku war voller geladen als alle Jahre zuvor, und somit war er auch leistungsfähiger.

Mir persönlich hat Breathwork geholfen, das nötige Bewusstsein für alle Prozesse und Veränderungen in meinem Körper zu schaffen. Es fällt mir seitdem leichter, eine Brücke zu schlagen zwischen meiner Atmung und allem anderen im Leben. Wenn ich nicht richtig atme und meinem Körper nicht das gebe, was er wirklich braucht, kann er nicht volle Leistung zeigen. So ist das auch im Business. Wenn ich spüre, dass ich total im Stress bin, kann ich mich durch bewusste Atmung selbst wieder runterholen.

Wenn du es schaffst, bei dir im Business effektiv in der männlichen Energie zu performen, und dir dann im gleichen Maße einen Ausgleich in der weiblichen Energie gönnst, kannst du dich zu Höchstleistungen pushen. Körper und Geist können mit einem Ungleichgewicht nicht gut umgehen und so auch keine effektiven Leistungen zeigen. Schaffst du es aber, Yin und Yang die gleiche Beachtung zu schenken, hast du volle Power für dein Leben und deinen Erfolg. Glaub mir, auch für uns ist das nicht immer leicht. Wir sind auch manchmal alles andere als in Balance, aber wir wissen in diesen Momenten zumindest genau, wie wir es wieder zurück ins Gleichgewicht schaffen.

Genau wie bei den zuvor beschriebenen bewussten Routinen brauchst du auch hier kein großes Ding daraus machen. Es genügt schon, wenn du beginnst, dich mit der Thematik auseinanderzusetzen. Du kannst dich einmal am Tag hinsetzen und drei Minuten ganz bewusst atmen. Leg den Fokus auf deine Atmung. Die wenigsten schaffen zehn bewusste, tiefe Atemzüge am Stück, ohne den Fokus zu verlieren. Das ist die erste Challenge, die du starten kannst, um dich mit dem Thema vertraut zu machen. Es ist ein super Training, sich selbst einmal in den Mittelpunkt zu stellen und den Fokus nur auf sich zu richten. Sicher gibt es auch in diesem Bereich Coaches und sogenannte Breathwork Circles, die du in dem Rahmen gerne ausprobieren kannst. Für den Anfang würde jedoch eine kleine Routine ausreichen.

Neben Breathwork gibt es noch weitere Kanäle, die es ermöglichen, durch weibliche Energie den Ausgleich zum Business zu schaffen. Vielleicht sind andere für dich effektiver oder passen besser zu dir. Es liegt ganz bei dir, wo und wie du deinen Ausgleich findest. Alle aufgelisteten Methoden sind die, die wir genutzt haben. Sie wollen dir damit nur eine Richtung zeigen, um mit Spiritualität zu starten.

Human Design

Woher wusste sie das? Sie hat auf meinen Human Design Chart geschaut und unglaublich viele Dinge über mich gewusst. Wie geht denn so was? Sie wusste Details über mich, die sie nicht einfach so wissen konnte ... unheimlich. Diese Gedanken gingen mir durch den Kopf, als ich gerade mein erstes Human Design Reading bekam. Ich spürte, wie viel Wahrheit in meinem Chart steckte. Diese vielen Worte zeigten mich auf Papier. Viele Einzelheiten meines Wesens standen auf einer Liste, erstellt von einer damals noch fremden Person (heute übrigens eine meiner besten Freundinnen – danke, meine liebe Kati, dass du mir dieses Tool nähergebracht hast). Leider wurde mir bewusst, dass ich vieles davon nicht aktiv gelebt habe. Ich war stark konditioniert und lebte nicht in meiner einzigartigen Energie.

Die meisten Persönlichkeitstests, die ich vorher kennengelernt habe, waren sich sehr ähnlich. Davon gibt es Unmengen auf dem Markt. Meistens sind diese Verfahren so aufgebaut, dass man Fragen gestellt bekommt und die Antworten sollen Aufschluss über die eigene Persönlichkeit geben. Solche Tools sollen dir am Ende des Tages zeigen, welchem Persönlichkeitstyp du entsprichst.

Mal im Ernst: Man merkt ganz häufig, worauf diese Fragen ausgelegt sind. Und hast du nicht auch schon einmal bei einem Persönlichkeitstest die Antworten angekreuzt, die vermutlich das coolste Ergebnis anzeigen? Ich finde die Resultate bei diesen Testverfahren nicht aussagekräftig, da sie schlichtweg manipulierbar sind.

Bei Human Design sieht das anders aus. Zwar waren wir zu Beginn sehr skeptisch. Doch jetzt bin ich sehr froh, dass wir uns darauf eingelassen haben. Mittlerweile richte ich gefühlt mein ganzes Leben danach aus, da dieses Tool einfach alles für mich verändert hat. Die Ergebnisse haben mir sehr geholfen. Für mich ist das Wissen über mein eigenes Human Design Chart die mit Abstand höchste Form von purem Selbstbewusstsein. Und ich meine das in der eigentlichen Wortbedeutung: sich seiner selbst bewusst sein.

Wenn du weißt,

- wer du in der Tiefe bist,
- worin deine Stärken liegen,
- wo noch Wachstumspotenzial besteht,
- wo du konditioniert wurdest
- und wie du diese Konditionierungen durchbrechen kannst,

... dann bist du dir deiner selbst bewusst.

Erst wenn du das weißt, bist du vollkommen selbstbewusst.

Wenn du all diese Informationen über dich selbst gesammelt hast, kannst du deine Potenziale gezielt einsetzen.

Genau das ist für mich eingetreten. Ich habe so viel über mich erfahren. Es stand alles in einem Chart. Ergänzend zu dem, was ich bereits über mich herausgefunden habe, war das ein enormer Schritt zur Selbstfindung.

Was ist Human Design?

Human Design ist ein ganzheitliches System im Bereich der spirituellen Persönlichkeitsentwicklung. In diesem Verfahren werden vier Weisheiten kombiniert: Astrologie, I Ging, Kabbala und Chakrenlehre. Auch neuere wissenschaftliche Aspekte wie zum Beispiel Genetik und Biochemie wurden miteinbezogen.

Alle Persönlichkeiten werden in fünf Typen eingeteilt: Manifestoren, Generatoren, manifestierende Generatoren, Projektoren und Reflektoren. Grundsätzlich ist für jeden Human-Design-Typ definiert, wie die jeweilige Aura beschaffen ist und wie man auf dieser Basis am effektivsten Energien austauscht.

Die Ergebnisse gehen sehr ins Detail. Daher hier nur einige wichtige Punkte, die im Chart aufgeführt werden:

- persönliche Entscheidungsweisheit und Strategie
- deine individuelle Umsetzungsenergie
- Informationen über eigene Persönlichkeit
- offenbart Stärken und individuelle Potenziale
- zeigt Konditionierungen auf und wie diese durchbrochen werden sollten

Die Details der Erkenntnisse einer solchen Analyse sind unglaublich. Wir haben erfahren, in welcher Umgebung wir am besten leben sollten, wie unsere perfekte Ernährungsweise aussieht, durch welche Brille wir die Welt sehen und wo unsere Potenziale stecken.

Tayler

Generator
Sakrale Autorität
Geschlossene Definition
4/6 Opportunist Vorbild

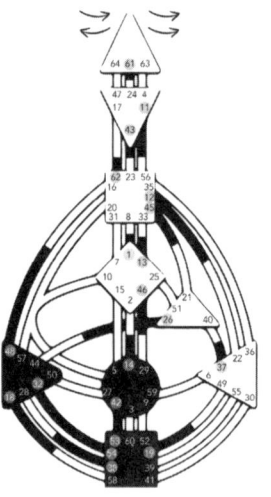

```
▼32 6 ☉ 61.4
 42 6 ⊕ 62.4
 62 3 ☾ 18.5
 11 1 ♌ 26.5
 12 1 ☋ 45.5
  1 4 ☿ 54.3
▼14 5 ♀ 37.6▲
 53 4 ♂ 53.1
 46 4 ♃ 48.6
 19 5 ♄ 13.5
 38 6 ♅ 54.4
 54 2 ♆ 54.4
 43 4 ♇ 14.1
```

Anika

Manifest. Generator
Sakrale Autorität
Geschlossene Definition
3/6 Märtyrer Vorbild

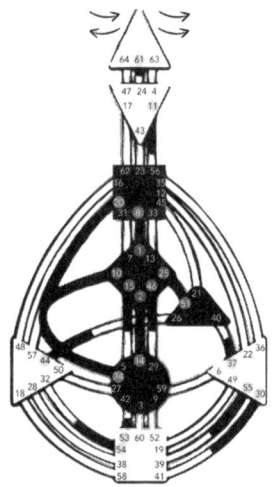

```
 10 6 ☉ 25.3
 15 6 ⊕ 46.3
  2 3 ☾ 53.3▲
 34 3 ♌ 14.1
▲20 3 ☋ 8.1
 11 6 ☿ 55.4
 11 6 ♀ 51.2
 10 6 ♂ 37.6
▲44 2 ♃ 1.1
 30 2 ♄ 37.1
▲61 1 ♅ 61.6
 54 6 ♆ 61.3
 14 3 ♇ 14.4▲
```

Bei so vielen Informationen, die diese Analyse ergibt, fragst du dich bestimmt, wie viele Fragen wir beantworten mussten. Es waren genau zwei.

Die Basisdaten für die Analyse sind die genauen Geburtsdaten, also der genaue Zeitpunkt und der Ort unserer Geburt. Mehr nicht.

Diese Angaben werden benötigt, um genau festzulegen, in welchem Energieumfeld wir zur Welt gekommen sind. Du kannst dir dieses Feld wie einen Kokon aus Energie vorstellen, der uns in diesem Moment umgeben hat. Diese Energien haben Einfluss auf den Verlauf unseres Lebens.

Hier siehst du die Charts von Tayler und mir. Tayler ist Generator mit einer sakralen Autorität und 4/6 Profil. Ich bin eine manifestierende Generatorin mit einer sakralen Autorität und 3/6 Profil.

Human Design geht sehr in die Tiefe, und du selbst hast keinen Einfluss auf das Ergebnis. Es ist entwickelt worden als Hilfe zur Selbstwahrnehmung. Dein Chart kann dir dabei helfen, dich selbst kennenzulernen und deine eigene Persönlichkeit besser zu verstehen. Du hast die Möglichkeit, daran zu wachsen und die Ergebnisse für deine Entwicklung zu nutzen.

Das Erschreckende ist, dass nur die wenigsten nach diesem Human Design Chart leben.

In deinem Chart ist definiert, wer du bist:

- Wie du entscheiden solltest.
- Wie du leben solltest.
- Wie du deine Potenziale einsetzen solltest.

Es ist leider die Wahrheit, dass die meisten Menschen nicht das Leben leben, zudem sie bestimmt sind. Und viele fühlen sich deshalb fehl am Platz – nie angekommen, immer orientierungslos.

Wie sollten sie das für sie perfekte Leben denn auch leben, wenn so wenige Zugang zu solchen Informationen haben. Wir werden von Geburt an konditioniert. Uns wird ein Leben vorgelebt und gezeigt, welches nicht unseres ist. Wer bringt uns denn noch bei, Vertrauen in uns selbst zu haben oder danach zu streben, unser Potenzial zu entfalten? Haben unsere Eltern uns gelehrt, wie wir auf unsere innere Stimme hören oder uns den Fluss der Energien erklärt?

Für jeden steht doch in unserer Gesellschaft nur der gleiche Weg parat. Wir werden alle in ein Muster gepresst. Wer nicht reinpasst, wird verbogen, bis es schließlich passt. Kein Wunder, wenn die neuen Volkskrankheiten Burn-out und Depression sind. In der Rolle, die dir zugeordnet wurde, hast du zu funktionieren, ob du willst oder nicht. Für Individualität ist leider kein Platz im System.

Im Human Design geht es jedoch ausschließlich um deine großartige Individualität, denn es basiert auf der Annahme, dass alles auf dieser Erde Energie ist. Unser ganzes Universum besteht aus Energie. Das habe ich dir ja bereits im vorigen Kapitel erklärt. Jeder Mensch ist ein energetisches Wesen mit einem individuellen Fingerabdruck, der ebenfalls aus Energie besteht. Es ist wichtig zu lernen, wie man selbst als energetisches Wesen funktioniert. Wir alle haben zudem ein Aurafeld um uns herum, über das wir Energien mit anderen austauschen können. Durch diese starke Konditionierung, der wir ausgesetzt sind, wird unsere Aura komplett vermüllt. Es sammeln sich Energien an, die einfach nicht dahin gehören. Und da wir nie gelernt haben, uns selbst zu verstehen und uns unserer selbst bewusst zu sein, laufen die meisten Menschen planlos und hilflos durch die Welt.

Wenn du aber bereit bist, dir Zeit für dich zu nehmen, dich zu ergründen und dich mit deinem eigenen Human Design zu beschäftigen, hast du die Möglichkeit, deine Aura step by step zu entrümpeln. Es funktioniert wie ein Abgasfilter, der endlich installiert wurde, um schädliche Substanzen zu filtern. Es ist erlösend, wenn man spürt, dass die Energien wieder fließen. Wenn du dich mit deinem persönlichen Chart im Detail auseinandersetzt, kannst du auch herausfinden, in welcher Weise du konditioniert wurdest. Und du kannst vor allem auch aus dem Chart interpretieren, wie dein Leben eigentlich aussehen sollte.

Ich merke selbst immer noch, wie mich bestimmte Konditionierungen in meinem Handeln beeinflussen. Basierend auf meinem Human Design Chart sollte ich jegliche Entscheidungen aus dem Bauch heraus treffen. Und doch drängt es mich, alles mit meinem Verstand zu regeln. Mit einem Selbstexperiment habe ich es einfach mal ausprobiert. Ich habe alle meine Entscheidungen aus dem Bauch heraus gefällt. Wie irrational das jetzt auch klingen mag: Den Kopf aus dem Entscheidungsprozess auszuschließen, war für mich genau das Richtige.

Auf meinen Bauch kann ich mich voll und ganz verlassen. Wenn ich in meine Vergangenheit zurückblicke, explizit auf die Entschlüsse, die ich mit dem Kopf traf, waren gerade diese immer ein Fehler.

Das Grundstück auf Lombok zu kaufen, haben wir auch aus dem Bauch heraus entschieden. Etwas hat uns dahin geleitet. Ein Puzzleteil ergänzte das nächste. Es fühlte sich richtig an, sogar mehr als das – wie Fügung. Das war eine Entscheidung, die wir einstimmig mit dem Bauch gefällt haben. Sie war vollkommen richtig für uns. Und zu diesem Zeitpunkt wussten wir nicht einmal etwas von Human Design.

Alles in allem ist Human Design sehr komplex und ich werde es hier nicht in vollem Umfang erläutern. Darum geht es mir auch gar nicht. Ich möchte nur zeigen, welche Wirkung ein solches Tool haben kann. Und auch, dass es legitim ist, sich Hilfe zu nehmen, um sich selbst zu finden. Ein Persönlichkeitsentwicklungstool wie dieses kann dabei unglaublich wertvoll sein.

Wie hat uns Human Design im Business geholfen?

Das Wissen über dich und deine Fähigkeiten bietet dir Möglichkeiten, die du vielleicht vorher nicht hattest. Wenn du dein eigenes Business hast, ist es unglaublich wertvoll zu wissen, wie du selbst tickst.

Wie sind dein Energiehaushalt und deine Ausdauer in Bezug auf die Arbeit? Fühlst du dich häufig überfordert, müde und einfach überarbeitet?

Es kann sehr gut daran liegen, dass deine Arbeitsroutine gar nicht zu dir passt. Wenn du jedoch weißt, wie du am effektivsten Leistung bringen kannst, kannst du dein Business unglaublich pushen.

Im Human Design Chart kannst du sehr viel über dein Potenzial erfahren. Je nachdem, welcher Typ du bist, passen bestimmte Tätigkeiten besser zu dir als andere. Manch einer verträgt es gut, regelmäßig zwölf oder fünfzehn Stunden zu arbeiten. Dann sollte er seine Ausdauer auch gezielt einsetzen.

Ein anderer braucht häufiger Pausen, um bei der Sache zu bleiben. Dann sollte er sie auch einlegen, um seinen Akku wieder voll zu laden.

Prüfe also die Umsetzungsenergie, die dir in deinem Arbeitsalltag zur Verfügung steht. Die Infos dazu ergeben sich aus deinem Chart. Passen deine Routinen zu dir oder ist es Zeit, neue bewusste Abläufe zu schaffen, um mehr als nur 50 Prozent der Strecke zu schaffen?

Tayler ist laut seines Human Design Charts „Generator", und ich bin „manifestierende Generatorin". Uns macht es zum Beispiel nichts aus, auch mal 15 bis 18 Stunden am Stück zu arbeiten. Die Voraussetzung ist nur, dass es eine Tätigkeit ist, die wir gerne machen.

Wenn wir mit Herz und Seele dabei sind, dann ist unsere Ausdauer enorm.

Wie du siehst, ist auch das sehr individuell. Wundere dich also nicht, wenn du es vielleicht nicht schaffst, die gleiche Leistung zu bringen wie dein Büronachbar. Er übt vielleicht die gleiche Tätigkeit aus, ist aber vermutlich ein ganz anderer Typ und verfügt über eine andere Energie und andere Potenziale. Genau das ist ja auch häufig das Problem eines 08/15-Jobs. Du musst dich verbiegen und krümmen, damit du in ein Muster passt. Nur kann in solch

Passen deine
Routinen zu dir
oder ist es Zeit,
neue bewusste
Abläufe zu schaffen?

einem Muster selten jemand sein volles Potenzial entfalten. Ich bin der festen Überzeugung, dass so unglaublich viele Menschen sich fehl am Platz in ihrem Job fühlen, weil sie etwas tun, was sie im Kern nicht erfüllt, und weil sie für den Job, den sie machen, eigentlich gar nicht wirklich gemacht sind. Wieder ein Beweis, dass wir Menschen einfach nur existieren, statt uns selbst zu erleben.

In deinem eigenen Business machst du die Regeln. Passe also deinen Arbeitsalltag deinen Bedürfnissen an.

Ein weiterer entscheidender Punkt ist die Entscheidungsweisheit. Wenn du bereits ein eigenes Business hast, kannst du mir da nur zustimmen. Du stehst ständig vor Entscheidungen. Täglich bist du gefragt, diesen oder jenen Weg zu gehen. Und wir Menschen sind so verkopft, dass es uns häufig schwerfällt, uns zu entscheiden. Geht es dir auch manchmal so?

Falls ja, ist das leider kein Wunder. Wir werden von klein auf dazu konditioniert, nach logischen Mustern zu entscheiden. Nur der Kopf/der Verstand wird zu Rate gezogen. Jedoch sind wir mehr als unser Verstand. Wir können mehr als Schablonen zu folgen. Gerade wenn du dich schwer tust, Lösungen zu finden, ist es an der Zeit, zu verstehen, was deine persönliche Entscheidungsweisheit ist.

Tayler und ich treffen unsere besten Entscheidungen, wie bereits erklärt, aus dem Bauch. Und da wir das wissen, können wir den Kopf auch mal ausschalten. Es hat sich bewährt. Vielleicht ist die Art, die du gelernt hast, Entscheidungen zu treffen, nicht die, die am besten für dich funktioniert.

Human Design gibt dir die Möglichkeit, dich besser zu verstehen. Es ist eine Möglichkeit. Dabei ist es unglaublich wichtig, dass du auch hier nicht einfach ein neues Muster übernimmst, ohne es zu hinterfragen. Du bist ein Individuum. Sicher ist es auf eine Art gruselig, schwarz auf weiß Dinge über dich zu lesen, die so viel Wahrheit widerspiegeln. Doch lasse dich auch hier nicht limitieren. Human Design ist mehr eine Art Wegweiser für dein

Leben. Wenn du dich jedoch besser damit fühlst, in eine andere Richtung zu laufen, ist auch das vollkommen in Ordnung. Höre an dieser Stelle immer wieder auf dein wahres Ich.

In meinem Human Design Chart steht beispielsweise, dass ich im Rahmen meiner idealen Ernährungsweise alles getrennt voneinander essen sollte. Ich liebe allerdings Gerichte, wie beispielsweise Thai Curry, mit viel Gemüse und Reis. Laut meinem Chart müsste ich alles auf dem Teller separieren und alle Bestandteile nacheinander essen: Reis, dann jedes einzelne Gemüse, dann die Curry Sauce. Meine Verdauung würde nach diesem Prinzip besser funktionieren und energetisch würde ich mich angeblich noch besser fühlen.

Ich kann mich zum jetzigen Zeitpunkt allerdings überhaupt nicht mit dieser Ernährungsweise identifizieren und verliere allein beim Gedanken daran die Freude am Essen. Daher bleibt es dabei, und ich esse weiterhin alles zusammen. Ob das am Ende des Tages reine Konditionierung ist oder nicht, sei mal dahingestellt. Für mich geht gerade nichts ohne mein geliebtes Curry.

Im Hinterkopf habe ich immer wieder alle Aspekte des Charts parat. Je nach Situation prüfe ich, ob es für mich gerade richtig ist, mich danach zu richten oder nicht. So ist es auch bei Entscheidungen, die das Business betreffen. Es gibt solche Entscheidungen, die müssen auf rationaler Ebene getroffen werden, auch wenn ich grundsätzlich eher meinem Bauch vertrauen sollte. Im Allgemeinen hat es uns aber ein großes Plus gebracht, dass wir mehr aus dem Bauch entschieden haben. Wir haben uns mehr getraut und mehr auf uns selbst vertraut. Das hat uns viele Schritte nach vorne gebracht.

Wir haben zu dieser Zeit auch begonnen, unsere Arbeitsbereiche neu aufzuteilen, um effektiver unsere Potenziale zu nutzen. Tayler hat nun mal Stärken in Bereichen, die ich nicht abdecken kann, und umgekehrt. So erreichen wir viel mehr Effektivität.

Und nicht nur das. Es hat mir geholfen, selbstbewusster zu werden. Anhand des Charts konnte ich viele Fragen über mich selbst beantworten.

Spiritualität ist etwas Magisches. Im Grunde geht es darum, sich selbst zu finden. Und magisch ist es im Endeffekt dann auch, wenn du beginnst, dich selbst zu finden. Das Gefühl, sich selbst zu verstehen und aus Energien zu schöpfen, die eigentlich schon immer da waren, ist überwältigend. Wir können so viel schaffen. Vielleicht werden wir gerade deshalb in der Gesellschaft kleingehalten und limitiert, weil so viel in uns steckt – so viel Kraft und Potenzial.

Wie würde die Welt denn aussehen, wenn jeder so wäre, wie er von Natur aus sein sollte? Die Wirtschaft und das System würden nicht mehr in der jetzigen Weise funktionieren. Wenn wir nicht mehr manipulierbar und lenkbar sind, gäbe es keine Ameisen mehr, die abarbeiten und gehorchen. Es ist grundlegend einfach nicht gewollt, dass wir wahrhaftig individuell sind.

Aber im Ernst: Wenn du jetzt weißt, was alles möglich ist, spürst du da nicht auch den Drang, das auch ausschöpfen zu wollen? Spiritualität ist kein Hexenwerk. Es bedeutet, sich selbst zu finden. Lass uns also gemeinsam damit beginnen, unsere magische Individualität zu leben und damit die Welt zu einem besseren Ort machen. Bist du dabei?

Learnings

- Spiritualität ist die Reise ins Innere, die Arbeit mit dem wahren Selbst.
- Du musst nicht spirituell sein. Du musst einfach nur du selbst sein.
- Du musst nicht dein gesamtes Leben umkrempeln, um Spiritualität zu leben. Es reichen ein paar bewusste Minuten am Tag.
- Spiritualität ist unfassbar individuell. Finde deinen ganz persönlichen Zugang zu diesem Thema.
- Tools wie Meditation oder Journaling helfen dir dabei, deine Gedanken zu beobachten und somit dein Inneres zu ergründen.

- Breathwork beziehungsweise das Bewusstsein für deinen Atem kann dir dabei helfen, dein Nervensystem zu regulieren und dich bewusst wahrzunehmen.
- Human Design ist ein Tool, welches dir hilft, die höchste Form von purem Selbstbewusstsein zu erlangen.
- Alles in diesem Universum ist Energie. Es gibt sowohl weibliche als auch männliche Energien, die immer in Balance sein sollten.

„Escape and Arrive"-Fragen

- Was bedeutet Spiritualität für dich?
- Wer bist du wirklich tief in deinem Inneren?
- Was sind deine Ziele im Leben?
- Was willst du wirklich vom Leben?
- Was ist der Sinn deines Lebens? Was treibt dich an? Was ist deine Aufgabe auf dieser Welt?
- Welche Potenziale möchtest du endlich entfalten?
- In welchen Bereichen darfst und möchtest du noch wachsen?
- Wie kannst du dich im Bereich Business verwirklichen?
- Was für ein Human-Design-Typ bist du, und was sagt das über deine Persönlichkeit aus?
- Wie sieht deine Entscheidungsweisheit im Human Design aus, und triffst du auf dieser Basis bereits deine Entscheidungen?
- Welche drei spirituellen Routinen oder Gewohnheiten integrierst du von nun an in deinen Alltag?
- Lebst du in Balance? Für welche (weibliche oder männliche) Energien solltest du noch mehr Raum schaffen?

Kapitel 5

Business —
Let's talk money!

von Tayler

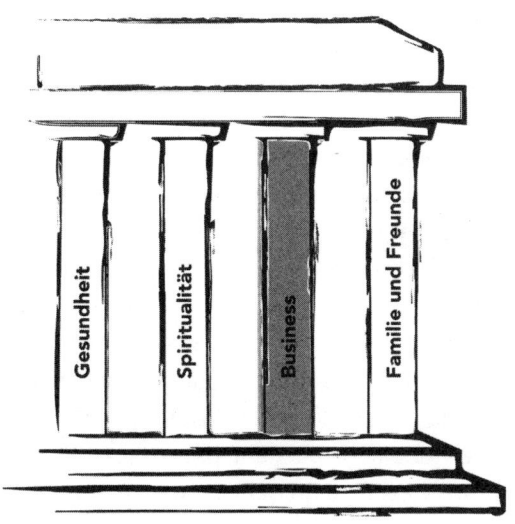

Wie du von meinem Vater im Vorwort gelesen hast, habe ich sehr früh mein elterliches Zuhause verlassen, um eine Ausbildung zum Hotelfachmann in der „Weltmetropole" Köln zu starten. Wenn du in einem 600-Einwohner-Dorf groß geworden bist, deinen Schulabschluss in einer Kreisstadt mit 25 000 Einwohnern machst und dann nach Köln ziehst, fühlt es sich an, als würdest du das erste Mal den Times Square in New York besuchen. Da stand ich nun, mit zarten 17 Jahren. Erwachsen war ich auf keinen Fall und ich hatte zwar eine Ausbildung in der Tasche, aber das Nachtleben und all das, was es mit sich bringt, waren interessanter als jede Lehre. Für alle, die nicht in der Gastronomie oder Hotellerie arbeiten: Man macht diesen Job nicht wegen des Geldes, sondern aus Leidenschaft und Liebe. In den drei Jahren meiner Ausbildung übernahmen meine Ausbilder mehr oder weniger den Job meiner Eltern, denn sie mussten den kleinen Rebellen Tayler auch ein Stück weit erziehen. Tina und Marion, falls ihr jemals diese Zeilen lesen solltet: Danke, dass ihr an mich geglaubt habt und wir bis heute in Kontakt stehen! Ohne euch wäre heute vieles nicht, wie es ist.

Nach der Ausbildung erhielt ich meinen ersten Vollzeitjob und ich verdiente nach Tarif 1692 Euro brutto. Für einen jungen Mann Anfang 20 inmitten einer Studentenstadt war das erste richtige Gehalt ein wahrer Geldsegen. Ich lebte zwar von der Hand in den Mund und am Ende des Geldes war immer noch zu viel Monat übrig, aber ich lebte.

Rückblickend betrachtet lebte ich zwar, aber mehr im Außen als jemals im Innen.

Ich schlitterte immer mehr in eine Richtung, die absolut nicht die war, die ich mir damals wünschte. Um mein exzessives Partyleben zu finanzieren und später leider auch die Drogen, habe ich mir weitere Nebenjobs gesucht, denn das Geld langte hinten und vorne nicht. Konsumschulden über Konsumschulden, ich lebte sehr über meine Verhältnisse. Ich wusste, ich driftete ab, und keiner merkte es. Ich wusste, ich falle, aber keiner sah es. Ich wusste, dass irgendwas in mir nicht stimmte, aber ich redete mit keinem, denn ich sah es als „peinlich" und „schwach" an, über meine Gefühle zu sprechen.

Ich war ganz alleine für mich und meine Situation verantwortlich. Ich hatte mich hier reingebracht, allerdings wusste ich nicht, wie ich wieder rauskommen würde. Vielleicht kennst du eine solche Situation, in der du denkst: „Ich ertrinke!" – Genau so fühlte ich mich.

Warum erzähle ich dir solch persönliche Geschichten? Ganz einfach: Wir haben alle unser Päckchen zu tragen und statt unsere Vergangenheit einfach kommentarlos hinter uns zu lassen, möchte ich dir zeigen, dass auch bei mir nicht alles glattlief. Ganz im Gegenteil, ich hatte viele Momente, an denen ich noch tiefer hätte sinken können, als ich sowieso schon gesunken war. Deine Vergangenheit bestimmt nicht deine Zukunft und wenn mal etwas völlig aus dem Ruder gelaufen ist, lerne daraus und mach es morgen besser. Wir verändern nicht die Vergangenheit, aber so, wie wir damit umgehen, gestalten wir die Zukunft. Und ich möchte dich daran erinnern, dass du nur eine Entscheidung von einem komplett neuen Leben entfernt bist.

Die meisten von euch haben sicherlich ein „Business-Buch" von Anika und mir erwartet. Ein von Zahlen wimmelndes Buch, das dir wieder mal aufzeigt, was du alles falsch machst! Vielleicht hattest du auch die Erwartungshaltung, dass wir dir den Heiligen Gral präsentieren, mit dem du dein Online-Business starten kannst.

Falls das deine Erwartungshaltung war, dann zeigt es mir, dass du an deiner Einstellung dringend arbeiten musst. Ein Business entsteht nicht über Nacht, und wenn du schnellen Erfolg suchst, dann bist du hier falsch. Ich würde sogar so weit gehen, dass schneller Erfolg deinen Charakter verdirbt. Du solltest hoffen, dass dein Erfolg langsam und stetig, statt schnell und gewaltig kommt. Zu viele „Höhenflieger" habe ich in den letzten Jahren gesehen, die sehr schnell aufstiegen und noch schneller wieder weg waren.

Sind mir mal ganz ehrlich: Jeder kann ein Online-Business aufbauen! Dein Abschluss, dein Studium, deine Herkunft oder dein Alter sind völlig egal. Ein Online-Business ist easy. In Zeiten, wo TikToker im Alter von zwölf Jahren Millionen verdienen, solltest du zumindest einen Moment daran verschwenden, um dir die Frage zu stellen, was diese Jungs und Mädels da eigentlich machen. Mein Vater sagte es so schön: „... irgendwann kommt der Zeitpunkt, wo wir von unseren Kindern lernen, die uns dann ihre Welt erklären, und da sollten wir genau zuhören, damit wir mit unseren Kindern auf Augenhöhe sind."

Wenn du das nächste Mal Probleme hast, dein Online-Business aufzubauen, oder wieder nach dem perfekten Zeitpunkt suchst: Lass mich dir eine Geschichte von einer Frau erzählen, die mit „Furzen" Millionärin wurde.

Als ich diese Geschichte gelesen habe, bin ich glatt vom Hocker gefallen und habe mich gefragt: „WTF?" Aber in dieser Geschichte liegt so viel Wahrheit. Vor allem hält sie uns vor Augen,

Wir verändern
nicht die
Vergangenheit,
aber so, wie wir
damit umgehen,
gestalten
wir die Zukunft.

dass das Internet wirklich alles ermöglicht. Falls du das also bisher noch nicht geglaubt hast, dann glaubst du vielleicht dieser Frau aus den USA.

Sie begann im Jahr 2021 im Internet die Audiodatei ihrer Fürze zu verkaufen. Tausende von Frauen und Männer gehörten zu ihren Kunden. Alles, was sie tat, war, ihren Furz aufzunehmen und auf einer Plattform wie eine Art „Podcast" online zu stellen. Innerhalb weniger Tage hatte sie Tausende von Kunden, die bereit waren, im Monat mehr als 10 Dollar zu bezahlen, solange sie regelmäßig neue Töne von ihr erhielten.

Du kannst jetzt über diese Dame lachen oder sie verurteilen, aber Fakt ist, sie hat sich ein Online-Business aus dem Nichts aufgebaut und lebt heute ein definitiv anderes Leben als vorher, ohne finanzielle Sorgen.

Nein, das ist kein Aufruf zur Verwirklichung einer völlig absurden Geschäftsidee, und an Nachhaltigkeit und Co. darf gerne gezweifelt werden, aber das nächste Mal, wenn du deine Idee mal wieder anzweifelst oder du an der Skalierung scheiterst, erinnere dich an diese Frau. Noch mal: Im Netz ist alles möglich.

In unserem Business sollten wir etwas tun, das unser Potenzial ausschöpft und uns somit eine geistige Erfüllung gibt. Gleichzeitig sollte sich diese Arbeit aber auch auf andere Weise rentieren. Zum einen sollte das Business alle notwendigen Lebenshaltungskosten decken, zum anderen sollte es so viel Geld abwerfen, dass du dein Leben nach deinen Wünschen gestalten kannst.

Unser eigenes Business ist somit für uns eine elementare Säule zur Erfüllung unserer Ziele, denn um ganz ehrlich zu sein: Ohne Geld wird es einfach sehr schwierig! Viele von uns haben eine gestörte Beziehung zu Geld. Viele können nicht mit Geld umgehen, wissen es nicht zu schätzen, wissen nicht, wie man es behält oder daraus mehr macht. Woher auch?

Schule, Studium, Eltern – die meisten dieser „Bildungseinrichtungen" verfehlen ihren Job, und genau deshalb musst du das selbst in die Hand nehmen! Wehe du gibst jetzt anderen Menschen die Schuld an deiner finanziellen Situation. Du hast dich da selbst reingebracht und darfst jetzt lernen, wie man da wieder rauskommt. Deine Eltern haben schon lange keinen wirklichen Einfluss mehr auf dich, an die Namen deiner Lehrer kannst du dich nicht mehr erinnern und die Inhalte deines Studiums sind dir sicherlich auch nicht mehr wirklich präsent! Du hast zugelassen, dass es so weit gekommen ist, und du hast zugelassen, dass du deine Finanzen aus den Augen verloren hast. Ich sage dir das nicht, um dich zu ärgern, ich sage das, weil ich dir die rosarote Brille wegnehmen möchte, die dich daran hindert zu wachsen.

Du wirst in diesem Kapitel feststellen, dass wir Business anders sehen als viele in unserer Branche. Ich war lange Jahre ein großer Fan von „hustle, hustle, hustle". Für mich war Geld mal das Wichtigste, doch heute sehe ich die Dinge etwas anders. Geld ist ein Mittel zum Zweck, kann rund um die Uhr verdient werden und hilft uns nur, unsere Träume zu realisieren. So wie ich Geld sehe, sehen es nur wenige Menschen. Ich habe in einem Gespräch mit einem Kumpel mal Folgendes gesagt: „Ich habe den Bezug zu Geld, so wie ihn 99 Prozent der Menschen haben, verloren!" Er verstand mich natürlich nicht, denn er dachte, ich meinte diesen Satz arrogant und abgehoben. Ich erklärte ihm, dass es nicht um Arroganz geht, sondern dass Geld für mich in dieser Onlinewelt überall und immer verdient werden kann. Geld ist Energie, und wenn du einmal weißt, wie diese Energie fließt und wie Geld verdient wird, verlernst du es nicht und kannst die Formel immer und immer wieder anwenden. Wer uns folgt und mich vielleicht schon mal kennengelernt hat, weiß, ich werfe ganz sicher nicht mit Geld um mich. Ich gebe Geld sehr bedacht und mit Plan aus und halte mich an Warren Buffetts Worte: „Regel #1: Verliere niemals Geld!"

Als ich meine Einstellung zum Business und auch zum Geld veränderte, verstand ich, wie das Spiel wirklich funktionierte.

Bist du der Sklave deines eigenen Business?

Die meisten Selbstständigen sind leider Sklaven ihrer eigenen Arbeit. Sie sind weder geografisch frei noch finanziell frei oder unabhängig. Von passivem Einkommen ist da wohl kaum zu sprechen. Der Traum der Selbstständigkeit sollte eigentlich sein, in die eigene Tasche zu arbeiten, zu entscheiden, wann, wo und wie du arbeitest, anstatt der beste Arbeitnehmer deiner Firma zu sein.

Der Erfolg deines Geschäfts ist abhängig von dir alleine? Ohne dich läuft nichts? Darum schuftest du auch rund um die Uhr und auch am Wochenende? War es das, was du dir unter einer Selbstständigkeit vorgestellt hast – selbst und ständig zu arbeiten?

Bringt denn deine Selbstständigkeit etwas, wenn da überhaupt keine Freiheit dahintersteckt?

Trifft das *nicht* auf dich zu, dann Daumen hoch. Gut gemacht.

Wenn dich meine Worte getroffen haben, dann ließ dir dieses Kapitel sorgfältig durch. Es ist egal, ob du noch kein Business hast, beziehungsweise gerade erst am Anfang stehst, oder ob du schon über Jahre an deinem Erfolg bastelst. In diesem Kapitel geht es mal wirklich nur ums Business. Ich erzähle dir, wie wir mit Lovelifepassport dahin gekommen sind, wo wir jetzt sind. Und es ist echt cool, dass du das hier liest, denn einer unserer Katalysatoren in der Geschäftswelt war genau das: von denen zu lernen, die diesen Weg bereits gegangen sind. Nicht alles, was wir machen, muss auch zu dir passen und auf dein Leben übertragbar sein. Pick dir deine Rosinen raus und geh damit in die Umsetzung. Du erhältst hier auch nicht *den Business-Tipp*, den du über dein Unternehmen stülpen kannst, sodass du ganz schnell erfolgreich wirst. Es geht um Grundsätzliches, um Tugenden, die unmöglich ausgelassen oder ignoriert werden dürfen.

Du entscheidest, was für dich relevant und wichtig ist.

Um das Kind beim Namen zu nennen: In den letzten sechs Jahren Selbstständigkeit, Unternehmertum und Investitionen haben wir vieles in dieser Onlinewelt gelernt.

Mit unseren verschiedenen Unternehmen haben wir über 25 Millionen Euro Umsatz generiert, mit Margen bis zu 70 Prozent. Wir haben viel Geld verdient, aber auch viel Lehrgeld gezahlt. Ich kann dir nicht die perfekte Formel und auch nicht das perfekte Geschäftsmodell versprechen, aber ich kann dir zeigen, was wir gemacht haben, um da zu stehen, wo wir stehen. Du entscheidest, was für dich relevant und wichtig ist. Vielleicht stehst du ganz am Anfang und diese Zahlen hauen dich vom Hocker, vielleicht bist du mitten im Geschehen, baust gerade dein Unternehmen auf und verdienst sogar das erste Geld. Ich werde dich mitnehmen, hinter die Kulissen, und den Vorhang aufziehen, sodass du sehen kannst, was gemacht wurde. Am Ende ist es deine Verantwortung, das Ganze umzusetzen. So wie wir Mentoren und Coaches gesucht haben, möchten wir Mentoren und Coaches für dich sein. Solltest du das Gefühl haben, wir können dir helfen, dann melde dich gerne bei uns und wir schauen uns deinen Fall individuell an.

Fakt ist: Ich wollte immer Millionär werden! Früher schämte ich mich ein wenig dafür, denn immer dann, wenn ich das anderen Menschen sagte, wurde ich ausgelacht und mein Feuer erlosch ein wenig. Mir ging es gar nicht unbedingt ums Geld oder den Status, mir ging es um das, was mit dem Geld möglich war. Ich wollte der erste Millionär meiner Familie werden, sodass ich meine Eltern unterstützen kann, wenn mal was sein sollte. Ich wollte mir den Wohnort aussuchen können, statt den Wohnort an meinen Kontostand anzupassen, und ich wollte frei entscheiden, wo ich meine Kinder irgendwann mal großziehe.

Die Frage ist immer: Besitzt du das Geld oder besitzt es dich?

Besitzt du
das Geld oder
besitzt es dich?

Cashflow-Quadrant

Vorab eine Sache, die mich unglaublich stört: Viele haben in ihrer Instagram-Bio oder ihrem Facebook-Profil „CEO meines Unternehmens" oder sonst irgendeinen anderen Quatsch stehen. Der Begriff Unternehmer wird so unglaublich inflationär genutzt, dass es schon eine Beleidigung gegenüber den echten Unternehmern ist. Jeder zweite Selbstständige betitelt sich als Unternehmer, ohne verstanden zu haben, was ein Unternehmer ist, wie er arbeitet, worauf er achten sollte und was seine Aufgaben sind. Wir beginnen mit einer Grafik, mit deren Hilfe du für dich selbst feststellen sollst, wo du gerade stehst und wo du hin möchtest. Das Buch *Cashflow Quadrant* von Robert T. Kiyosaki zeigt vier Wege auf, wie du Einkommen erzielen kannst.[*] Aktives Einkommen erzielst du als Angestellter und Selbstständiger. Passives Einkommen gewinnst du als Unternehmer oder Investor. An dieser Stelle von mir eine unbedingte Leseempfehlung für das Buch.

Die meisten Menschen beginnen, ihr Geld als Angestellter zu verdienen, und entscheiden dann, sich selbstständig zu machen. Einige der Selbstständigen wagen den Sprung ins Unternehmertum, schaffen dies aber nicht, aus Gründen, auf die ich später noch eingehen werde. Und nur die wenigsten werden zu Investoren.

Aber noch mal im Detail:

Die meisten, wie auch ich, starten in das Berufsleben als **Angestellter.** Da tauschst du deine Arbeitsstunden gegen Geld. Du hast ein monatlich festes Einkommen ohne Hebelwirkung. Jeden Monat das Gleiche. Das trifft auf die Mehrheit der deutschsprachigen Bevölkerung zu.

---

[*] Robert T. Kiyosaki, *Cashflow Quadrant*, München, 2022. Nachfolgende Abbildung ebd. S. 38.

CASHFLOW-QUADRANT

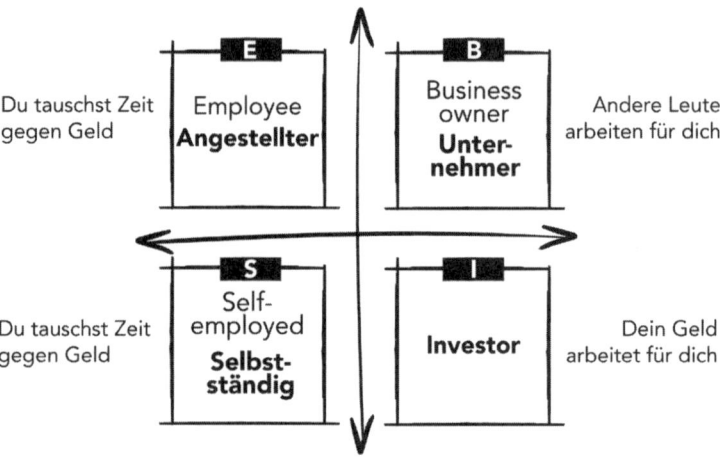

Der zweite Weg, ein aktives Einkommen zu erzielen, ist, sich **selbstständig** zu machen. Hier tauschst du auch wieder nur Zeit gegen Geld. Wobei hier dein Gewinn häufig abhängig ist von deiner Arbeitsleistung. Wenn du nicht arbeitest, bekommst du auch kein Geld. Arbeitest du viel, bekommst du mehr, arbeitest du wenig, bekommst du wenig. Deshalb arbeiten diese Menschen am Ende des Tages mehr, als sie im Angestelltenverhältnis geackert hätten. Doch leider bedeutet das nicht, dass sie viel mehr Einkommen erzielen.

So kommt es auch zu diesen sarkastischen Sprichwörtern in der deutschen Sprache: „Man arbeitet selbst und ständig." Auch die Verantwortung steigt. Als Angestellter übernimmt der Arbeitgeber die Aufgabe, alle Zahlungen wie Sozialabgaben, Krankenkassenbeiträge, Rentenbeiträge an die zuständigen Behörden weiterzuleiten. Als Selbstständiger liegt das in deiner Verantwortung. Das betrifft auch die Rechnungsstellung, Buchhaltung und andere Dinge dieser Art. Ein gutes Beispiel für einen Vorzeigeselbstständigen ist mein Patenonkel Klaus. Er ist erfolgreicher Zahnarzt mit eigener Praxis. Da er die Praxis selbst führt, arbeitet er jeden Tag. Sicherlich verdient er so auch gutes Geld, aber nur, solange die Praxis auch offen ist. Wenn er Betriebsurlaub macht oder mal krank ist, bleiben in Teilen auch Umsätze auf der Strecke. So wie ihm geht es Millionen von Selbstständigen in Deutschland.

Die erste Möglichkeit, ein passives Einkommen zu erzielen, ist als **Unternehmer.** Dem Unternehmer gehört ein System, das Geld verdient. Solch ein System könnte zum Beispiel ein Unternehmen sein, das Automationen, Strukturen und Prozesse implementiert hat. Diese sorgen dafür, dass die Mitarbeiter im Unternehmen das Geld verdienen. Der Unternehmer ist nicht mehr aktiv am Prozess beteiligt. Er zieht im Hintergrund die Strippen und erhält dafür seinen Anteil als Inhaber.

Gerade in der Social-Media-Bubble denken viele, sie seien Unternehmer. Und doch arbeiten sie unentwegt selbst aktiv im Business. Wenn du dein bester Mitarbeiter bist, dann bist du kein Unternehmer, sondern selbstständig. Unternehmer bist du erst, wenn du alle deine Tätigkeiten, die du vorher selbst gemacht hast, an Mitarbeiter abgegeben hast. Es macht ja auch keinen Sinn, wenn du überall erzählst, wie viel passives Einkommen du mit deinem Business erzielst, und dafür zig Stunden aktiv daran arbeitest. Nur wenn du dich aus dem Unternehmen ziehst und das System arbeiten lassen kannst, bist du Unternehmer.

Als **Investor** gehören dir Investments, wie Aktien, Immobilien, Krypto, Beteiligungen et cetera. Das ist der passivste Weg, um dein Geld zu mehren. Denn du tauschst hier Geld gegen mehr Geld.

Wo findest du dich selbst im Cashflow-Quadranten wieder? Wo stehst du, und wo möchtest du hin?

Vergiss bitte nicht, dass es hier kein Richtig oder Falsch gibt. Es geht um die beste Position für dich. So wie bei allen Kapiteln in diesem Buch geht es nicht um eine perfekte Lösung oder eine weitere Schablone, die man für sein Leben nutzen kann. Es geht im Gegenteil darum, dass du für dich den richtigen Weg findest. Dass du glücklich bist mit dem, was du tust, und mit einem Lächeln in den Tag starten kannst – und das regelmäßig. Ich kenne zig Selbstständige, die ihren Job eher als Belastung empfinden. Die Freiheit, die die Selbstständigkeit eigentlich bringen soll, bekommen sie gar nicht zu fassen.

Ich präsentiere dir die Grafik jetzt auch nicht, weil sie cool designt ist, sondern sie zeigt dir einen festen Ablauf. Wenn du Investor werden willst, dann musst du zwangsläufig die anderen drei Wege durchlaufen. Wenn du gut geerbt oder im Lotto gewonnen hast, kannst du natürlich direkt investieren. Doch in der Regel musst du diesen Weg gehen: erst angestellt, dann selbstständig, dann Unternehmer, bis du bereit bist, Investor zu sein.

Anika und ich sind in unserem Business Unternehmer. Wir sind alle Schritte vom aktiven zum passiven Einkommen gegangen. Als wir den Sprung zum Unternehmertum gewagt haben, mussten wir uns bewusst von der Spitze entfernen und ein Management dafür einsetzen. Es liegt also nicht mehr in unserer Verantwortung, das Unternehmen zu führen. Es ist die Verantwortung unseres Geschäftsführers und seiner Mitarbeiter, das Unternehmen profitabel zu gestalten. Unser Job liegt jetzt im Bereich „Vision und Controlling". Auch entscheiden Anika und ich immer noch, in welche Richtung Lovelifepassport sich entwickelt. Mit dem in den letzten Jahren verdienten Geld haben wir uns nicht sinnlose Konsumgegenstände gegönnt, sondern wir haben es weise und vor allem gewinnbringend investiert. All das haben wir aber erst gemacht, nachdem das Unternehmen entsprechend lief.

Business ist nicht gleich Business

Hustle, hustle, hustle, sieben Tage die Woche, 12 bis 18 Stunden am Tag arbeiten. So eine Stormingphase gibt es in jedem Business mal, wenn Projekte anstehen und Deadlines eingehalten werden müssen. Das ist völlig normal und muss auch so sein.

Doch wenn das schon der Allgemeinzustand ist, wird es nicht lange gut gehen, denn Burn-out und Co. lassen in der Regel nicht lange auf sich warten.

An diesem Punkt waren wir auch. Das ging mehrere Jahre. Wir haben nur gearbeitet, alle Energien in unser Business gesteckt und uns dabei fast das Genick gebrochen. Von unserer Beziehung wollen wir gar nicht erst anfangen. Wenn man überwiegend Geschäftspartner ist und sich keine Zeit mehr nimmt, einen Ausgleich für sich zu nehmen, fängt alles an zu bröckeln: die Beziehung, das Business, die Gesundheit. Denn es hängt alles zusammen.

Ich sage immer Folgendes: Wünsche dir nicht, dass dein Unternehmen schnell wächst, denn ein schnelles Business fördert nur dein Ego. Wünsche dir, dass es langsam läuft, denn das formt deinen Charakter!

Die meisten Unternehmen gehen Konkurs, weil sie zu schnell wachsen. Die inneren Strukturen schaffen es überhaupt nicht, mitzuwachsen. Die Konsequenz ist, dass alles zusammenbricht.

Häufig ist es bei Start-ups so, dass sie sehr lange in solch einer Stormingphase stecken und dadurch unfassbar schnell wachsen. Es werden zu schnell zu viele Kunden angenommen, deren Aufträge dann einfach nicht bedient werden können. Dann kann das Produkt nicht so schnell hergestellt werden, weil Personal fehlt. Wenn dann zügig neue Mitarbeiter eingestellt werden, benötigt man Zeit, diese einzuarbeiten, damit die Qualität gewährleistet werden kann. Wenn diese Zeit nicht eingeplant wird, werden Fehler gemacht. Darauf folgen unzufriedene Kunden und schlechte Rezensionen. Wenn die Aufträge nicht bedient werden können, fließt auch kein Geld. Wovon sollen dann die vielen Mitarbeiter bezahlt werden?

Und wir können uns davon beim besten Willen nicht freisprechen. Wir haben genau diesen Fehler gemacht. Wachstum, Wachstum, Wachstum ist nicht immer gut. Wir sind sicherlich

Wünsche dir nicht, dass dein Unternehmen schnell wächst, denn ein schnelles Business fördert nur dein Ego. Wünsche dir, dass es langsam läuft, denn das formt deinen Charakter!

nicht unfehlbar, aber alle Fehler, die wir gemacht haben, musst du nicht machen. Sie halten auf, nerven und kosten am Ende immer Zeit und Geld.

Es ist ein Dominoeffekt. Da kann die Geschäftsidee unfassbar geil sein, doch wenn du versuchst, schnell ohne Sattel durchs Ziel zu reiten, fällst du vom Pferd und brichst dir das Genick. Darum braucht ein Start-up Zeit zum Wachsen. Auch hier braucht es Yin und Yang, also einen Ausgleich. Es darf Stormingphasen geben, aber auch Konsolidierungsphasen.

Du musst für dich selbst definieren, wohin du willst. Definiere klar dein Ziel und richte deinen Kompass danach aus.

Wenn du nicht weißt, was du willst, dann wirst du auch nichts erreichen. Geh davon aus, wenn du es nur halbherzig angehst und ein Unternehmen als Hobby aufbaust, dass du auch nur ein Hobby-Geld bekommen wirst. Mach dir also klar, wohin du genau mit deinem Business willst. Ist es dein Wunsch, geografisch frei zu sein, finanziell unabhängig, erfolgreich und einfach glücklich zu sein, dann zolle deinem Business auch den nötigen Respekt. Du kannst damit starten und deine Ziele definieren. Nimm dir Stift und Papier zur Hand und klebe sie dir über den Spiegel:

- Kurzfristige Ziele: 6–12 Monate
- Mittelfristige Ziele: 2–4 Jahre
- Langfristige Ziele: 5+ Jahre

Jetzt ist der Punkt gekommen. Bevor du weiterliest, mach dir bewusst, aus welcher Situation du ausbrechen möchtest und wo du ankommen willst. Das ist dein erster Schritt zur Veränderung. Nicht ohne Grund heißt dieses Buch *Escape and Arrive*. *Escape* meint das Ausbrechen aus Situation A und *Arrive* meint das Ankommen in Situation B.

Du musst für
dich selbst
definieren,
wohin du willst.
Definiere klar dein
Ziel und richte
deinen Kompass
danach aus.

Unser Start ins Business hat mit Socken und Cookies begonnen. Erinnerst du dich noch? Falls nicht, im Vorwort haben wir bereits begonnen, von unserer Geschichte zu erzählen. Wir haben einen Weg gesucht, uns ein gemeinsames Business aufzubauen, und die ersten Gehversuche in der Social-Media-Welt haben wir als Influencer versucht. Auf Instagram haben wir unsere Reisen dokumentiert und unsere ersten bezahlten Werbungen waren für Socken und Cookies. Dazu muss man sagen, dass bezahlte Werbung damals hieß: kostenlose Kekse und kostenlose Socken. Wir hatten zu der Zeit knapp 300 Follower, eine Cookie-Marke aus Dubai hatte uns kostenlose Cookies geschickt und wir sollten einen Post machen. Kennt jemand von euch die Marke Happy Socks? Genau, die Socken mit komischen Prints wie einer Ananas. Wir haben damals ein paar Socken pro Person geschenkt bekommen, im Austausch gegen ein Foto, das wir posten. Unsere hart erarbeiteten 300 Follower waren also gerade mal Socken und Cookies wert. Für mich war das in meinem Kopf damals eine absolute Vollkatastrophe, denn Anika und ich haben uns immer gegen diese klassischen Product-Placements gestellt. Ich bin unter anderem auch der Meinung, dass die meisten bezahlten Werbebeiträge vieler Influencer niemals gepostet werden würden, wenn nicht richtig viel Geld fließt. Bedeutet im Klartext: Werbung zu machen für Produkte, die ich selbst (ohne Geld) niemals nutzen würde, war für mich ein absolutes No-Go. Aber egal: Wir haben daraus gelernt und sind nie wieder eine Kooperation in diesem Rahmen eingegangen.

Wie gesagt, das Influencer-Business war einfach nichts für uns.

Unternehmensvision

Uns war relativ schnell klar, dass wir einen Mentor benötigen. Jemanden, der schon da ist, wo wir hinwollen, und uns helfen kann, unser Ziel zu erreichen. Als wir mit Lovelifepassport 2018 starteten, hatten Anika und ich absolut keine Ahnung von Online-Marketing, geschweige denn von Werbung, Funnel, Budgets, Unternehmertum und all dem anderen, was heute in unserem Leben existiert.

Ich wandte mich damals an einen guten Freund, von dem ich wusste, dass er irgendwas online machte und sich darin wohl auskannte. Dankbare Grüße an dieser Stelle an Ralf, der uns diese ganze Welt überhaupt erst offenbarte und von dem ich alle Grundlagen gelernt habe, die heute dafür gesorgt haben, dass wir da sind, wo wir sind!

Nach ungefähr zweieinhalb Jahren wussten wir eines relativ schnell: Wir benötigen einen weiteren Mentor, einen Coach, der uns half, dahin zu kommen, wo wir mit dieser Marke hin wollten. Die Welt brauchte nicht noch eine Social-Media-Bude, kein „Ich mach heute Werbung für X und morgen Werbung für Y". Lovelifepassport sollte mehr als das sein.

Wir wollten Menschen erreichen. Wir wollten ihnen zeigen, dass das, was ihnen gesellschaftlich erzählt wird, kompletter Schwachsinn ist. Es muss nicht jeder ein Gefangener seiner selbst bleiben. Dank eines Online-Business kann jeder sein Leben selbst gestalten. Du entscheidest, wie viel du verdienst, mit wem du arbeitest, wo du arbeitest und wie dein Weg in dieser Welt sein soll. Dein Alter spielt keine Rolle, deine Herkunft genauso wenig, und wenn wir ganz ehrlich sind, ist das, was wir tun, gar nicht so schwer. Nur die Einstellung, die Glaubenssätze und die „Ich will alles ganz schnell"-Mentalität fällt uns hierbei auf die Füße!

Wie das Universum es eben manchmal so mit einem meint, passierte dann Folgendes: Ich schaute mir eine Instagram-Story von einem meiner besten Freunde an, Daniel, einem wahnsinnig erfolgreichen Immobilienmakler in Dubai. Er war auch gerade dabei, sein Unternehmen zu skalieren, die ersten Mitarbeiter einzustellen und die ersten Strukturen und Prozesse zu integrieren. Fun Fact: Wir beide kamen etwa zeitgleich nach Dubai, und lange bevor es „cool" war, in Dubai zu leben, und mischten bereits damals die Straßen auf. Er versuchte sein Glück als DJ und ich als

Hotelfachmann, in einem der renommiertesten Hotels auf der Palm Jumeirah.

Als ich seine Instagram-Story sah, fiel es mir wie Schuppen von den Augen: Wir brauchten diesen einen Kerl, der Daniel half, Strukturen und Prozesse in sein Unternehmen zu integrieren. Wir brauchen einen Unternehmensberater, der uns hilft. Denn wir sahen oft den Wald vor lauter Bäumen nicht mehr. Falls du also denkst, dass wir uns keine Hilfe holen würden und nicht selbst Mentoren und Coaches haben, dann hast du dich geschnitten. Wenn das Potenzial und das Wissen anderer Menschen uns darin unterstützt, weiterzukommen, dann investieren wir. Ist doch klar. Das war einer der entscheidenden Gamechanger für Lovelifepassport.

Ich schrieb Daniel eine Nachricht, fragte nach den Kontaktdaten dieses Unternehmensberaters, und keine Woche später trafen wir uns in Dubai auf ein Abendessen.

Karim, der Unternehmensberater, öffnete Anika und mir innerhalb weniger Minuten die Augen, denn die Fragen, die er stellte, waren essenziell wichtig und enorm tiefgründig. Uns beiden fiel auf, dass wir sooooooo weit weg von jeglichem Unternehmertum waren, wie die Sonne von der Erde. Es lag also viel Arbeit vor uns.

Unser Ziel und unsere Vision musste ein für alle Mal definiert werden. Das geht nicht mit einem Fingerschnippen, und dein Ziel steht auch nicht fest, wenn du ein Buch gelesen hast. Ziele sind individuell, und unser Coach hat mit uns unterschiedliche Workshops gemacht, damit wir das Passende für uns finden konnten. Wir haben für uns notiert, wo wir hinwollen und was wir erreichen möchten. Am Ende des Tages ist es vollkommen egal, ob du es Ziel, Vision oder Nordstern nennst. Theoretisch ist das alles das Gleiche. Doch der Ausdruck Nordstern ist auch bildlich sehr passend. Falls du und deine Pläne aus dem Ruder geraten und du das Gefühl hast, die Kontrolle sowie die Orientierung verloren zu haben, dann richte den Blick auf den Nordstern. Da ist deine Richtung klar definiert, und du weißt, was der nächste Schritt ist. Vielleicht denkst du dir gerade: „Sowas muss ich nicht tun!" Nun, ich sage dir, wie es ist: Wenn du dein Navi nicht richtig einstellst, dann wundere dich nicht, wenn du nicht am Ziel ankommst! Glaub mir, du brauchst es.

Deine Unternehmensvision ist demnach die Richtung, in die sich alles ausrichtet. Alle Pläne und Strategien, die in deinem Business erstellt werden, müssen der Zielerfüllung dienlich sein. Die Strategie ist der Weg, der dich zum Ziel führt.

Man kann es mit einer Reise vergleichen. Dein Ziel ist die Stadt Berlin. Es gibt unterschiedliche Wege bis dorthin. Du kannst mit dem Zug fahren, dem Auto, dem Bus oder auch zu Fuß gehen. Wie auch immer du planst, dort hinzukommen, dein Ziel ist klar: Berlin. Wenn du dann in Köln ankommst, hast du dein Ziel komplett aus den Augen verloren. Köln ist schön, aber eben nicht das erklärte Ziel Berlin.

Das Gleiche kannst du auf dein Business übertragen. Definiere deine Unternehmensvision und richte alle Strategien darauf aus, dass du die Vision auch erfüllst.

So haben wir unsere Unternehmensvision definiert:

> *„Escape the ordinary. Gemeinsam schaffen wir nachhaltige Veränderungen in der Welt und inspirieren die größtmögliche Anzahl an Menschen, ein selbstbestimmtes und freies Leben zu führen."*

Alles, was wir für unser Unternehmen tun, richten wir nach diesem Nordstern aus.

Unternehmenswerte

Nachdem deine Vision feststeht, lege auch Unternehmenswerte fest. Diese Werte sollen dich immer wieder in Richtung Unternehmensvision lenken, damit du nicht vom Weg abkommst. Unternehmenswerte sind übrigens nicht dazu da, um sie auf eine Kaffeetasse zu

Alle Pläne und Strategien, die in deinem Business erstellt werden, müssen der Zielerfüllung dienlich sein.

drucken und dann in die Ecke zu stellen, sondern Unternehmens-werte sind der Grundstein für deine Mitarbeiter, um sich mit deinem Unternehmen zu identifizieren. Wer kennt es nicht: Da wurde irgend-wie mal was für ein Unternehmen festgelegt, aber keiner lebt wirklich danach. Werte sind wie Leitplanken auf der Autobahn zu deinem Ziel.

Apropos Mitarbeiter: Sie sind die wichtigsten Assets in deinem Business, und ohne sie wirst du nie zum Unternehmer. Ich zitiere an dieser Stelle Simon Sinek, der sagt: „Kunden werden ein Unter-nehmen erst dann lieben, wenn die Mitarbeiter es lieben!" Dein Ziel muss es sein, ein Unternehmen zu kreieren, in dem deine Mitarbeiter gerne arbeiten, denn im 21 Jahrhundert haben Mitarbeiter VIELE Op-tionen. Du hast vielleicht mein Reel zum Thema „Fachkräftemangel" auf Instagram gesehen. Es wurde millionenfach geklickt und unter diesem Video entstand ein Flächenbrand. In diesem Reel erkläre ich, dass wir in Deutschland nicht unbedingt einen Fachkräftemangel, sondern eher einen Mangel an guten Arbeitgebern haben.

Heutzutage musst du dich um Talente im Arbeitsmarkt als Unter-nehmen bemühen. In all den Jahren hatten Anika und ich nie Proble-me, qualifizierte Mitarbeiter zu finden. Ganz im Gegenteil: Wenn wir einen Aufruf machen oder unsere Stellen teilen, dann bewerben sich Hunderte von Menschen. Warum ist das so? Es ist recht einfach er-klärt. Anika und ich hatten immer einen großen Respekt vor der Ver-antwortung, Mitarbeiter einzustellen, denn das bedeutet, dass dieser Mitarbeiter auch entsprechend geführt werden muss und es ihm egal sein kann, ob wir Umsatz machen oder nicht, denn am Ersten des Monats muss es Gehalt geben. Zum anderen predigen wir Freiheit und stellen gleichzeitig Mitarbeiter ein, wie kann das kombinierbar sein? Fakt ist, nicht jeder Mensch möchte selbstständig arbeiten und nicht jeder Mensch ist dafür gemacht. Wir beide haben durch unsere vorherigen Arbeitgeber eines immer vermisst: Wertschätzung! Wir wussten also, wenn wir wirklich Mitarbeiter einstellen sollten, dann erstellen wir ein Unternehmen nach unseren Regeln und Werten, so-dass wir für uns selbst arbeiten wollen würden.

Bevor du dich also das nächste Mal über die fehlenden Fachkräfte beschwerst, stell dir die Frage, ob du für dich und dein Unternehmen unter den gegebenen Bedingungen arbeiten würdest.

Drei Beispiele für Werte aus unserem Unternehmen:

- *Wachstum*
  Wir haben uns entschlossen, „Wachstum" für uns als Unternehmenswert zu definieren. Das bezieht sich auf alle Bereiche: unsere Produkte, unsere Company und auch auf jeden einzelnen Mitarbeiter. Mit unseren Mitarbeitern führen wir regelmäßig Gespräche, um herauszufinden, auf welche Weise wir ihnen helfen können, sich weiterzuentwickeln. Das Wachstum jedes einzelnen Mitarbeiters trägt zu dem Wachstum des gesamten Unternehmens bei.

- *Wertschätzung*
  Guter Umgang mit unseren Mitarbeitern ist uns unfassbar wichtig, und dazu gehört auch die Wertschätzung. Diese bezieht sich nicht nur auf die geleistete Arbeit, sondern ebenso auf die Person, die dahintersteckt. Im Gegenzug erwarten Anika und ich auch die entsprechende Wertschätzung von unseren Mitarbeitern für alles, was wir geben.

- *Authentizität*
  Anika und ich legen sehr großen Wert auf Authentizität. Es wäre eine Lüge, wenn wir predigen, frei und ohne Limitierungen zu sein, und dann selbst nicht authentisch sind. Es ist ein Teil von uns, etwas, wofür wir stehen. Gerade dieser Wert ist dafür prädestiniert, uns wieder in die richtige Bahn zu kicken, wenn wir sie zu verlassen drohen. Das bezieht sich auch auf unsere Angebote. Falls wir den Eindruck haben, dass wir aus einem Produkt rausgewachsen sind, dann muss da auch eine Veränderung her.

Die Vision und unsere Werte geben uns einen Rahmen. In diesem agieren wir als Unternehmen. Alle unsere Entscheidungen richten sich nach unserer Vision und richten sich nach den Werten, die wir festgelegt haben. Falls Partner, Kooperationen und Produkte nicht in diesen Rahmen passen, dann wird schlichtweg ausgesiebt.

Retrospektive

An dieser Stelle muss ich noch einmal betonen, dass es unfassbar gut war, dass wir uns einen Coach an die Seite genommen haben. Es hat uns geholfen, Selbstreflexion zu üben. Das gab uns die Chance, uns zu verbessern und aus Fehlern zu lernen. Ich bin kein Fan davon, in die Vergangenheit zu blicken, aber man kann sehr viel aus der Vergangenheit für die Zukunft lernen!

Es klingt wie ein super Geheimtipp, doch es ist eigentlich ganz easy. In unserem Unternehmen haben wir eingeführt, dass wir in regelmäßigen Abständen Besprechungen mit den zuständigen Mitarbeitern durchführen. Darin haben wir die Zeit – bildlich gesprochen – zurückgedreht und geschaut, was gut gelaufen ist und was miserabel.

- Welche Produkte wurden gut verkauft, welche nicht?
- Welche Webinare/Workshops liefen gut, welche nicht?
- Welche Launches waren gut, welche nicht?
- Welche Mitarbeiter haben gute Leistungen gezeigt, welche nicht?
- Was lernen wir aus all dem?

Bei unseren ganzen fleißigen Plänen für die Zukunft dürfen wir die Vergangenheit nicht vergessen, nur weil sie vorbei ist. Es kann dein Unternehmen ungemein pushen, wenn du aus deiner Vergangenheit lernst. Mach Fehler nicht noch mal und perfektioniere deine Erfolge. Es lohnt sich, da auch mal auf die Bremse zu treten und in die

Mach Fehler
nicht noch mal
und perfektioniere
deine Erfolge.

Retrospektive zu gehen, um zu analysieren, warum die Ergebnisse so sind, wie sie sind – im Positiven und im Negativen.

Als unser Unternehmen zu Beginn so extrem schnell gewachsen ist, war es für uns genau das Richtige, auch mal in die Retrospektive zu gehen. Ohne unseren Coach hätten wir das nicht erkannt, weil wir nur nach vorne geprescht sind. Indem wir zurückgeblickt haben, konnten wir unsere Erfolge ausgiebig feiern und Motivation und Energie tanken, um weiterzumachen. Du kannst eben nur dann wachsen, wenn du aus der Vergangenheit lernst.

Organigramm der Zukunft

Vielleicht bist du in deinem Business noch nicht an dem Punkt, wo das Organigramm der Zukunft für dich eine Rolle spielt. Dennoch wird dieser Moment kommen.

Ein Organigramm hast du vielleicht schon einmal gesehen. Es ist hierarchisch aufgebaut, von oben nach unten. Wir haben für unser Unternehmen auch ein solches Organigramm der Zukunft aufgestellt. Wir stehen oben an der Spitze, darunter kommt der Geschäftsführer, dann folgen die Abteilungsleiter und so weiter. Unser Plan war es, innerhalb eines Jahres diese Struktur wahrzumachen. Solch eine Struktur ist sehr wichtig, denn ohne sie hat es bei uns leider nicht so gut funktioniert.

Zu der Zeit, als wir unser Organigramm erstellt haben, hatten wir bereits Mitarbeiter. Doch es lief nicht so, wie es sollte. Unsere drei Mitarbeiter waren unproduktiv und führungslos. Und das war ganz allein unser Fehler. Wir haben nicht dafür gesorgt, dass sie produktiv sein können, und keine klare Richtung vorgegeben. Wir haben schlichtweg als Führungskräfte nicht richtig geführt. Der Fehler lag also nicht bei unseren Mitarbeitern, sondern bei uns. Wir haben nicht geführt. Genau genommen wussten wir gar nicht, was Führung überhaupt bedeutet.

Ein Organigramm bietet jedenfalls eine klare Struktur. Anika und ich haben uns überlegt, welche Abteilungen wir benötigen, welche Aufgaben diese zu erledigen haben und natürlich, welche Fähigkeiten die Mitarbeiter haben sollen. So hatten wir endlich eine klare Rollenverteilung und Aufgabenzuordnung für jeden, der an diesem Unternehmen beteiligt ist. Das war ein klarer Gamechanger.

Hier geht es insgesamt um den Schritt von der Selbstständigkeit zu einem Unternehmen. Das klappt nicht an einem Tag. Wenn du dich entschlossen hast, ein Unternehmen aufzubauen, bedeutet das, dass du deine Aufgaben an andere weitergibst. Dafür benötigst du Mitarbeiter. Somit musst du zuerst klarstellen, welche Aufgaben du jeden Tag in deiner One-Man/Woman-Show erledigst. Nur so kannst du Positionen und Aufgaben für mögliche Mitarbeiter definieren. Wenn du neue Mitarbeiter einstellst, musst du gerade am Anfang nicht gleich jeden auf Vollzeitbasis einstellen. Du kannst genauso gut Mitarbeiter in Teilzeit beschäftigen oder auch Freelancer für bestimmte Aufgaben engagieren. Das Ziel ist, dass du irgendwann überflüssig bist in deinem eigenen Unternehmen. Das ist der Weg, passives Einkommen zu erzielen, wenn du dich aktiv aus dem Prozess herausziehst.

Zudem benötigt ein Unternehmen klare, wiederkehrende Prozesse, die Menschen nachvollziehen können. Alle Aufgaben müssen einen definierten Ablauf haben, damit sie fehlerfrei und in gleichbleibender Qualität erfüllt werden. Das bedeutet, nachdem du deine Aufgaben niedergeschrieben hast, musst du jede einzelne davon in einzelne Schritte zerlegen und diese in einen nachvollziehbaren Ablauf bringen. Du willst im Unternehmen ja nicht mehr benötigt werden, somit müssen deine Mitarbeiter eine Anleitung für alle Aufgaben bekommen.

Hier kannst du dir die Technik zuhilfe nehmen. Wir haben unzählige Tools, die wir einsetzen, damit vor allem die Arbeitsplätze vollkommen remote sein können.

Natürlich kannst du ein Office mieten, in das du deine Mitarbeiter platzierst, und du kannst eine Kernarbeitszeit definieren. Aber im Ernst: Es arbeitet sowieso keiner die volle Zeit durch. Ein Käffchen hier, ein Schwätzchen da, Hauptsache, der Tag ist schnell rum. Von Effektivität lässt sich hier nur philosophieren. Du kannst kontrollieren, wie lange deine Angestellten im Büro sind. Aber eine richtige Kontrolle, wie lange effektiv gearbeitet wird, kannst du selbst da nicht erreichen. Diese Kontrolle hast du remote natürlich auch nicht.

In unserer Welt, in der Freiheit vor allem auch geografisch gelebt werden soll, möchte keiner fest in einem Büro sitzen. Ich bin der festen Überzeugung, dass wir als Unternehmen schneller, produktiver und effizienter arbeiten, weil unsere Mitarbeiter dort arbeiten können, wo sie sich wohlfühlen. Wir zwingen sie nicht, an einem Ort zu sein, an dem sie nicht sein wollen. Einige unserer Mitarbeiter arbeiten aus Mexiko, Bali, Costa Rica, Portugal, Lombok, Thailand, Ägypten, Südafrika, Sri Lanka, Kuala Lumpur, Dubai, Österreich oder befinden sich auf Weltreise. Solange du deinen Job gewissenhaft und selbstverantwortlich umsetzt, ist es uns egal, wo unsere Mitarbeiter sind. Ich selbst kenne sehr viele andere Unternehmer, die ihre Mitarbeiter in ein Büro stecken. Für sie funktioniert das, und sie sind erfolgreich mit dem, was sie tun. Wir möchten das für unsere Mitarbeiter allerdings nicht.

Die Corona-Pandemie hat uns auch gezeigt, dass sehr viel online funktioniert. Es war auf einmal möglich, alles online darzustellen. Das Wichtigste ist doch, dass die Arbeit bis zu einem bestimmten Zeitpunkt erledigt ist. Ob deine Arbeitskraft dabei im Büro sitzt, im Garten in Buxtehude oder am Strand in Spanien, ist doch völlig egal. Es hat sich zudem gezeigt, dass die Mitarbeiter viel zufriedener sind, wenn sie die Wahl haben, wo sie ihr Office aufschlagen. Am Ende des Tages profitiert dein Unternehmen davon, wenn deine Angestellten mit mehr Freude und Engagement an die Arbeit gehen.

Zusammengefasst haben wir mithilfe des Organigramms der Zukunft Struktur ins Unternehmen gebracht. Durch wiederkehrende Prozesse haben wir die Arbeitsabläufe innerhalb des Unternehmens strukturiert und durch Technik und Tools Kontrollmechanismen eingebaut, Projektarbeiten organisiert, Termine verwaltet und eigentlich alles geplant, was es zu planen gibt.

Erinnerst du dich an mein Beispiel weiter oben? Machst du hier ein Hobby oder baust du ein Unternehmen auf? Wenn du ein Hobby aufbaust, dann nutze weiterhin WhatsApp oder Ähnliches. Baust du ein Unternehmen auf, dann nutzt du Tools, um alles entsprechend gut abzubilden.

Beispiel-Tools: Unverzichtbar!

Slack: Ein Projektmanagement-Tool, über das wir unsere gesamte Kommunikation abwickeln.

Asana: Ein Task-Tool, mit dem wir alle Aufgaben unter den Mitarbeitern aufteilen, Projektarbeiten erledigen und Deadlines festlegen.

HubSpot: Dieses Tool ist die Schaltzentrale der Firma! Es ist ein CRM-System (Customer-Relationship-Management-System), das uns hilft, unsere Kundendaten zu managen. Dort laufen alle Daten zusammen, es ist das Herzstück und die Kommandozentrale unseres Teams.

Automatisierung

Solche Tools und andere Software machen es möglich, sehr viele Abläufe zu automatisieren. Nehmen wir als Beispiel den Bereich Recruiting. Viele Unternehmen setzen massive Ressourcen ein, um diesen Bereich zu bedienen, wir haben diesen nahezu vollautomatisiert.

Über unsere Website können sich neue Leute bei uns bewerben. Sie klicken auf einen Link, sehen die Stellenbeschreibung und füllen eine Fragebogen aus. Danach laden sie noch Dokumente hoch. Das alles wird vom System geprüft. Und erst wenn alles vollständig ist, wird die Bewerbung an unsere HR-Abteilung weitergeleitet. Zu jeder Bewerbung wird automatisch im System ein Ordner angelegt, den sich unsere HR-Mitarbeiterin dann anschaut. Sie entscheidet dann, ob der Bewerber zu einem persönlichen Gespräch eingeladen wird oder nicht. Bei einer Absage wird automatisch ein Informationsschreiben an den Bewerber aufgesetzt. Und bei einer Zusage erhält der Bewerber einen Link, über den er sich in einem Kalender einen Gesprächstermin aussuchen kann. Hinter diesem besagten Link ist der Kalender des Abteilungsleiters hinterlegt. Somit läuft die Terminkoordination vollkommen automatisiert und viel effektiver. Ohne diesen technischen Hintergrund würde der Ablauf etwa zehn Tage dauern. Das sind vergeudete Personalkosten. Bei uns dauert dieser Prozess nur etwa 24 Stunden, mit dem geringsten Aufwand für die Personalabteilung. Das Personal muss sich somit nur mit der fachspezifischen Beurteilung befassen, also den Bewerber annehmen oder ablehnen, anstatt sich mit unnötigen Zeitfressern zu beschäftigen. Denn Zeit ist Geld. Ein uraltes Sprichwort, aber es passt immer noch.

Wenn ein neuer Mitarbeiter dem Unternehmen beitritt, erhält er eine vollautomatische Einarbeitung im Rahmen eines Online-Kurses. Dort erklären wir alle relevanten und wichtigen Themen. So ist der neue Mitarbeiter innerhalb kürzester Zeit eingestellt und einsatzbereit und kann, wenn noch Fragen sind, immer wieder auf den Online-Bereich zugreifen.

Durch Strukturen, Technik und Tools schaffen wir viel mehr Effizienz. Denn, um ehrlich zu sein, ein großes Office anzumieten, kostet unheimlich viel Geld. Geld, das an anderer Stelle besser eingesetzt ist. Und wenn wir es schaffen, alle Zeitfresser zu eliminieren, indem wir sie automatisieren, können wir beginnen, nur noch *am* Unternehmen zu arbeiten, anstatt *im* Unternehmen.

Falls du glaubst, das funktioniert „mal eben so nebenbei", hast du falsch gedacht! Business und Unternehmertum sind ein Marathon, kein Sprint. Wenn du hier bist, um schnell Geld zu verdienen, dann setze bitte deine Scheine auf Sportwetten, aber hör auf, ein Business aufzubauen. Es gibt zu viele Glücksritter, die ihr Geld am Markt verbrennen. Genau diese Leute behaupten dann, es würde nicht funktionieren.

Ehrlich gesagt kenne ich KEINEN einzigen Selbstständigen oder Unternehmer, der, nachdem er sich an unsere entsprechende Struktur gehalten und diese implementiert hatte, keinen Aufschwung im Business verzeichnen konnte. Bei allen hat es für einen massiven Umsatz-Aufschwung, klare Prozesse, bessere Automationen und mehr Kunden gesorgt.

Mitarbeitergewinnung

„Man baut keine Unternehmen auf, man baut Mitarbeiter auf, und die bauen das Unternehmen auf."

ZIG ZIGLAR

Der Weg zur ultimativen Skalierung und Freiheit sind Mitarbeiter. Und ja, ich höre hier auch den Widerspruch. Wir reden in diesem Buch von Freiheit, unter anderem mit einem eigenen Business. Aber Fakt ist nun mal, dass nicht jeder Mensch auf der Erde zu einem Unternehmer geboren wurde und auch nicht jeder gerne einer werden möchte. Sehr viele sind vollkommen happy mit einem Angestelltenjob und streben die Selbstständigkeit gar nicht an. Es hat durchaus Vorteile, in einem Angestelltenverhältnis zu sein. Und es gibt auch geile Arbeitgeber. Als wir mit Lovelifepassport an diesem Punkt angelangt sind, haben wir uns wirklich schwer getan, weil wir uns in einem Zwiespalt gesehen haben.

Ohne Mitarbeiter funktioniert ein Unternehmen nicht, außer man schafft es, alle Prozesse durch Technik abzubilden.

Wir wollten ein Unternehmen schaffen,

- mit dem sich die Menschen identifizieren können,
- in dem sie sich privat und geschäftlich entfalten können,
- für das sie gerne arbeiten,
- dem sie loyal gegenüberstehen
- und für das sie auch bereit sind, die Extrameile zu gehen.

Das haben wir uns als Unternehmer auf die Fahne geschrieben.

Die Werte und Vision unserer Mitarbeiter müssen mit den Unternehmenswerten und unserer Unternehmensvision übereinstimmen. Wir nehmen niemanden in unser Team auf, der nur „Job nach Vorschrift" macht, eigentlich gar nicht da sein will und innerlich gekündigt hat. Leute, die sich mit uns identifizieren können, für ihre Arbeit brennen und genau wissen, welchen Beitrag sie zur Unternehmensvision leisten können, sind bei uns herzlich willkommen.

Dabei interessiert mich weder dein Lebenslauf noch deine Ausbildung oder dein Studium. Auch dein Schulabschluss ist mir egal. Warum? Weil ich als Hotelfachmann eines gelernt habe: Fleißige Mitarbeiter, die gewillt sind, zu lernen, übertrumpfen fast immer einen perfekt studierten Akademiker.

Es ist nun mal so, dass die meisten nicht selbstständig sein wollen, und viele sind auch nur ins eigene Business geflüchtet, weil es so viele grausige Arbeitgeber gibt. Aus der Vergangenheit anderer kann man genauso lernen wie aus der eigenen. Diese Fehler wollten wir nicht fortführen. Schlussendlich zahlen wir Unmengen auf unser Unternehmerkonto ein, wenn unsere Mitarbeiter zufrieden und vor allem produktiv sind. Es ist Fakt: Unternehmertum funktioniert leider nicht ohne Mitarbeiter.

Also geht es eigentlich nicht darum, dass du ein Unternehmen aufbaust, sondern dass du Menschen aufbaust und für sie mit deinem Unternehmen einen Ort schaffst, an dem sie sich wohlfühlen und entfalten können.

J-Kurve

Das Ziel, wenn du Mitarbeiter einstellst, ist, die Arbeit, die du selbst gemacht hast, abzugeben. Gerade wenn du mit deinem Business noch am Anfang stehst, empfehle ich dir nicht, zu viele unerfahrene Leute einzustellen. Ja, Juniors erhalten in der Regel weniger Gehalt, weil ihnen die Erfahrung fehlt, und doch ist genau das der Knackpunkt. Es dauert länger, bis sie eingearbeitet sind und bis das Unternehmen durch diese Personen Gewinn macht. Das bedeutet, dass sich die sogenannte J-Kurve (ein wirtschaftstheoretischer Begriff, den du bei näherem Interesse googeln müsstest) verlängert.

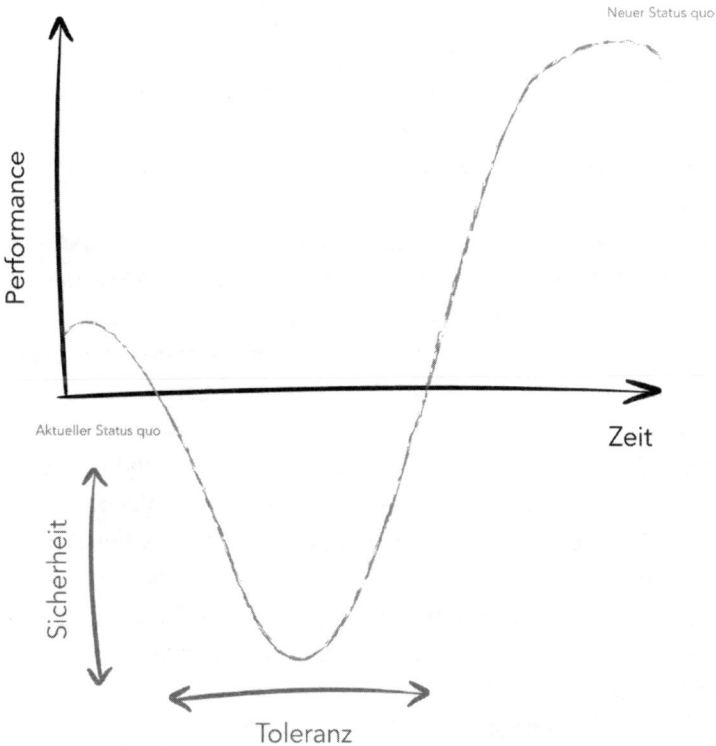

Diese Kurve zeigt den Gewinnverlauf durch die Einstellung von neuem Personal. Bevor der neue Angestellte dem Unternehmen Gewinn bringt, macht es Verluste. Die Kurve verläuft also erst mal nach unten. Erst mit der Zeit, wenn der neue Mitarbeiter eingearbeitet ist, ihm alle Prozesse klar sind und er sich wohl fühlt, steigt die Gewinnkurve stetig an. Man sagt, dass ein Mitarbeiter im besten Fall das Zehnfache seines Gehalts an Gewinn abwerfen sollte.

Hast du also Personal eingestellt, das um einiges länger braucht, um sich im Unternehmen einzufinden, verlängert sich die J-Kurve und du machst länger Verluste.

Human Design

Nicht jeder Deckel passt auf jeden Topf. So sieht es auch bei der Stellenbesetzung aus. Nicht jeder Bewerber passt auch genau auf die Position, auf die er sich beworben hat. Oder anders gesagt, wir können nicht auf allen Positionen unser volles Potenzial entfalten. Daher ordnen wir unseren Arbeitsplätzen zum Teil Human-Design-Typen zu, die wir mit unseren Bewerbern abgleichen. Denn jeder Typ bringt andere Qualitäten mit sich und auch ein anderes Energielevel.

Zum Beispiel in unserem Consulting-Team und im Sales stellen wir überwiegend Generatoren und manifestierende Generatoren ein, weil sie ein unfassbares Energielevel haben. Diese Energie können sie nutzen, um viele Gespräche mit Interessenten zu führen. Unser Consulting-Team ist nicht nach zwei Gesprächen am Ende seiner Kräfte, sondern macht teilweise über 20 Gespräche am Tag. Keine Regel ohne Ausnahme, denn diese gibt es natürlich auch. Wir haben auch schon Mitarbeiter eingestellt, die genau für diese Position geschaffen waren, obwohl der Human-Design-Typ nicht passte. Auch hier gilt: Human Design sollte niemals eine Limitierung darstellen, sondern nur ein Wegweiser sein.

Für die Führungsebene sind die Informationen aus den Charts im Alltag auch sehr hilfreich. Wir alle ticken anders. Projektoren brauchen zum Beispiel mehr Anerkennung und Lob, um motiviert bei der Arbeit zu bleiben. Es soll in keiner Weise ein Mitarbeiter auf diese Weise limitiert werden. Ich möchte nur zeigen, dass es durch Human Design möglich ist, seine Mitarbeiter besser zu verstehen und so besser zu führen.

Wir versuchen, sehr individuell auf unser Personal einzugehen, und versuchen auch mal, vom Mainstream abzuweichen, um unseren Job als Arbeitgeber bestmöglich zu meistern.

Wie cool wäre es, wenn man ein Unternehmen schaffen könnte, in dem jeder einzelne Mitarbeiter entsprechend seiner eigenen Energie arbeiten kann? Wenn du das schaffst, entwickelt sich eine unfassbare Dynamik im Unternehmen. Es klappt nicht immer, aber wir sind bereits sehr gut darin geworden.

Fakt ist, dass wir Human Design immer mehr für die Mitarbeitergewinnung nutzen, weil wir gesehen haben, dass wir damit die richtigen Menschen auf die richtige Position setzen können. Und das ist unfassbar gut, produktiv und gewinnbringend für das Unternehmen!

Learnings

- Du bist bereits selbstständig, fühlst dich aber wie dein bester Angestellter, weil du alles in einer Person bist? Erkennst du das Problem? Ohne dich läuft nichts – dann ist das hier dein Weckruf, etwas zu ändern!
- Definiere für dich dein „Escape and Arrive" – aus welchem Zustand willst du ausbrechen und wo möchtest du ankommen?
- Definiere für dich jetzt kurzfristige, mittelfristige und langfristige Ziele:
  - Kurzfristige Ziele: 6–12 Monate
  - Mittelfristige Ziele: 2–4 Jahre
  - Langfristige Ziele: 5+ Jahre

- Such dir einen Mentor oder einen Coach, der dir helfen kann, schneller an dein Ziel zukommen. Dieser Mentor sollte den Weg, den du gehen möchtest, bereits erfolgreich gegangen sein. Wenn du Hilfe auf diesem Weg brauchst, dann melde dich bei uns:

- Ein Leben und ein Business ohne Werte ist wie ein Haus auf Sand. Werte sind die Eckpfeiler unserer Gesellschaft und der Wegweiser für unser Handeln. Definiere deine Werte. Es können drei, fünf oder auch zehn sein. Diese Werte sind nicht dafür gemacht, dass sie sich „cool" anhören, sie sind dafür da, gelebt zu werden. Handle nach diesen Werten und du wirst Kunden finden, die sie entsprechend respektieren.

„Escape and Arrive"-Fragen

- An welchem Punkt im Cashflow-Quadranten stehst du? Oft hilft es, all diese Dinge bildlich zu visualisieren.
- Wie sieht deine Unternehmensvision aus? Was ist dein Nordstern und wofür steht dieser? Nimm gerne unsere Vision als Beispiel.
- Nimm die Retroperspektive ein! Die nachstehenden Fragen sind Beispiele. Solltest du noch kein Business haben, können die Fragen modifiziert werden. Lerne aus der Vergangenheit!
    - Welche Produkte wurden gut verkauft, welche nicht?
    - Welche Webinare/Workshops liefen gut, welche nicht?

- Welche Launches waren gut, welche nicht?
- Welche Mitarbeiter haben gute Leistungen gezeigt, welche nicht?
- Organigramm der Zukunft: Beantworte dir klar die Frage, ob du dein Unternehmen skalieren möchtest. Wenn ja: wie genau? Die ultimative Skalierung kommt durch Mitarbeiter.
- Bist du bereit, Mitarbeiter zu führen, oder brauchst du hierbei Hilfe?
- Wie soll dein Unternehmen in sechs Monaten, in einem Jahr oder gar in fünf Jahren aussehen?
- Welche Aufgaben übernimmst du aktuell, die dir keine Freude bereiten, und wo brauchst du Hilfe? Erstelle dazu eine Mindmap, auf der du festhältst, was deine täglichen Aufgaben sind. Dies wird dir helfen zu identifizieren, was du nicht so gerne tust und wofür du in Zukunft Hilfe brauchst!
- Neun von zehn Aufgaben kannst du in deiner Firma automatisieren – du musst nur lernen, wie! Setze dich mit den Tools der heutigen Zeit auseinander, integriere künstliche Intelligenz und spar dir Tausende von wertvollen Arbeitsstunden! Vergiss den Spruch „Das machen wir schon immer so" und fang an, neue, innovative Wege zu gehen, die dir helfen werden, deine Prozesse zu automatisieren. Stell dir immer die Frage: Wie würde ich diesen Prozess aufsetzen, wenn ich 100 Mitarbeiter hätte?
- Würdest du für dich arbeiten wollen? Ich konnte die Frage am Anfang sehr genau beantworten: „Auf keinen Fall!" Ich habe mir aber geschworen, wenn wir ein Unternehmen werden wollen, das keinen Fachkräftemangel hat, dann müssen wir als Unternehmen attraktiv genug werden! Strukturiere deine Firma, als würdest du für dich selbst arbeiten wollen, und schaffe eine Umgebung, in der Wertschätzung einer der größten Werte ist.
- Akzeptiere die J-Kurve! Kein Mitarbeiter wird für dein Unternehmen brennen, wie du es tust! Verabschiede dich von dieser Utopie, denn wenn sie so brennen würden, wie du es tust, hätten

sie ihr eigenes Unternehmen! Akzeptiere, dass die Mitarbeiter kommen und gehen. Sie brauchen Zeit, sich zu integrieren, und vergiss nicht: Einen Mitarbeiter zu halten ist günstiger als einen neuen zu finden und einzuarbeiten.

- Förderst du deine Mitarbeiter individuell oder lässt du sie etwas machen, was nicht ihrer inneren Freude entspricht? Setze dich mit Human Design auseinander und nimm dieses Tool, um Mitarbeiter besser zu verstehen, individuell zu fördern und bessere Ergebnisse zu erzielen!

Kapitel 6

Familie und Freunde — Fluch und Segen zugleich

von Anika und Tayler

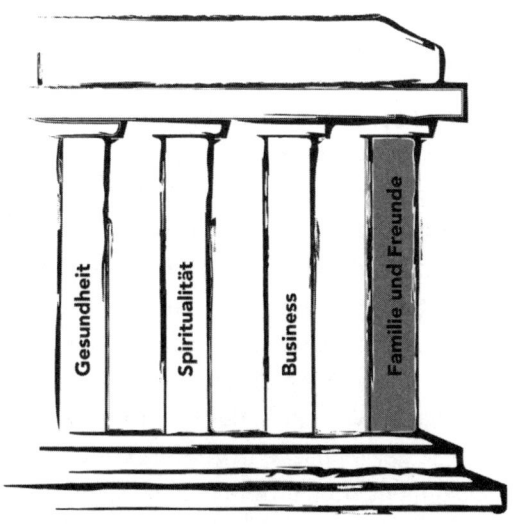

Dieses Kapitel bildet die letzte unserer vier Säulen. Auch wenn wir sie als Letztes erwähnen, ist sie uns nicht weniger wert. Freunde und Familienmitglieder sind gerade die Menschen, die unser Leben wertvoll machen. Es ist die Liebe, die unserem Dasein einen Sinn gibt. Wir Menschen sind grundlegend nicht dazu gemacht, komplett alleine und isoliert durchs Leben zu gehen. Wir brauchen einander, wir können einander glücklich machen. Liebe und Glück vervielfältigen sich, wenn man sie weitergibt. Daher haben wir Familie und Freunde als unsere vierte Säule ausgewählt.

Mylo hat unser Leben kräftig umgekrempelt. Mit ihm sind wir zu einer eigenen Familie geworden. Diese Familie ist für uns mit das Wichtigste in unserem kleinen Universum. Sie ist ein Segen, der uns unendlich viel Kraft gibt. Der Zusammenhalt, die Geborgenheit und die bedingungslose Liebe sind unvergleichlich.

Familie kann aber auch anders sein und auch komplett anders verstanden werden.

Wir sind uns ziemlich sicher, dass du dir unter dem Titel „Familie und Freunde" etwas ganz anderes vorstellst als das, was du hier lesen wirst. Solltest du uns auf Instagram schon etwas länger folgen, dann wird dir eines aufgefallen sein: Wir machen so ziemlich alles anders als alle anderen. Wir handeln uns mit dem, was wir tun, einiges an Kritik ein. Die meisten wissen gar nicht, wie viel Hass, Ablehnung und Unverständnis uns beiden entgegenfliegen. Keine Sorge, unsere Schultern sind breit genug. Wir sind es mittlerweile gewohnt und stehen darüber. Frauenverachtende Kommentare, Beleidigungen und sogar Morddrohungen haben wir in den letzten Jahren erhalten. Warum ist das so und woher kommt diese unglaubliche Wut der Menschen? Wir beide triggern die Menschen mit der Dokumentation unseres Lebens, mit unserer eigenen Transformation und dem Leben, das wir leben. Wir haben in Teilen sogar sehr viel Verständnis für die Wut, die uns entgegengebracht wird, denn es ist schwer sich einzugestehen, dass es auch anders hätte laufen können, wenn man nicht falsch abgebogen wäre. Wir haben beide entschieden, mit dem, was wir tun, in der Öffentlichkeit zu stehen, und solange wir uns gut damit fühlen, behalten wir das auch bei, denn dank unserer Arbeit, der Dokumentation unseres Lebens und der konstanten persönlichen Weiterentwicklung saugen Zehntausende jeden Tag Energie aus unserer Geschichte. Es ist uns egal, ob du uns gut oder schlecht findest, du darfst werten wie du möchtest, aber wir verfolgen nur ein einziges Ziel: dich zu inspirieren, mehr aus deinem Leben zu machen. Und wir versuchen dir alles mit an die Hand zu geben, dass du dieses „mehr" für dich umsetzen kannst. Wir konnten immer dann lernen, uns weiterentwickeln und große Sprünge machen, wenn wir Menschen folgten, die da waren, wo wir uns in der Zukunft sahen. „Monkey see, monkey do!"

Vorweg gesagt: Wir sind keine „Supereltern". Wir haben den heiligen Gral der Erziehung unseres Sohnes auch nicht erfunden. Ehrlich gesagt wollen wir gar nicht die perfekten Eltern sein. Als

Wir brauchen einander, wir können einander glücklich machen. Liebe und Glück vervielfältigen sich, wenn man sie weitergibt.

Tayler erfuhr, dass er Papa wird, kaufte er sich jedes erdenkliche Buch rund um das Thema „Papa sein", nur um festzustellen, dass der „perfekte Papa" nicht existiert. Kein Buch dieser Welt überzeugte ihn und ehrlich gesagt wurde er mit jedem Buch nur misstrauischer, denn überall wurden die „besten Tipps" zum „Papa sein" geteilt. Was aber, wenn das für ihn gar nicht zutreffen sollte? Diese Bücher sollten aus Tayler einen Papa machen, der er gar nicht sein wollte, und nur weil diese Zeilen in diesen Büchern standen, heißt es nicht, dass sie richtig sind. Der perfekte Papa ist der, der da ist, wenn das Kind ihn braucht. Der perfekte Papa ist der, der sich aktiv die Zeit nimmt, von seinem Kind zu lernen. In die Rolle als Papa und auch Mama wächst du rein und da hilft dir kein Ratgeber dieser Welt. Deine Intuition wird vieles für dich richten. Sicherlich machen wir eine Menge Fehler. Eines steht aber fest: Wir haben es geschafft, ein glückliches Leben zu leben, in dem alles seinen Platz haben darf – wir als Paar, unser kleiner Sohn, unser Business, unsere Freunde und unser ganz persönlicher Inner Circle.

Wir definieren „Familie" anders, als du es vermutlich kennst. Ich kenne viele Menschen, die sagen: „Familie ist alles!" Grundlegend geben wir natürlich jedem, der das sagt, recht. Die Voraussetzung ist nur, dass du eine Familie hast, die dich unterstützt, die an dich glaubt, dich respektiert und dich positiv statt negativ beeinflusst.

Was sagt man aber Menschen, die „das schwarze Schaf" in der Familie sind? Menschen, die keine Eltern und auch sonst niemanden an ihrer Seite haben?

Wie du merkst, kann Familie Fluch und Segen zugleich sein. Auch wir mussten hier hineinwachsen. Nichts davon haben wir in einem Buch gefunden, in einem Podcast gehört oder von einem Coach gelernt – all unser Wissen beruht auf Erfahrungswerten, und auch du wirst deine eigenen Erfahrungen machen, ob du willst oder nicht.

Das Wichtigste: Du bist du, und du trägst in allererster Instanz die Verantwortung für dich! Freu dich in diesem Kapitel auf Realtalk und eine kleine Geschichte, die wir so noch nie geteilt haben.

Das Thema Familie ist Herzenssache, auch für uns. Doch zugleich wollen wir auch hier ehrlich bleiben, auch wenn die Wahrheit manchmal bitter schmeckt.

Die verwendeten Beispiele in diesem Kapitel beziehen sich auf den Durchschnittseuropäer, der in einem normalen Umfeld aufgewachsen ist. Sicher kann es vorkommen, dass das Schicksal einfach andere Pläne mit manchen Menschen hat. Leider können wir in diesem Buch auch nicht auf alle Menschengruppen in allen Situationen eingehen, daher sprechen wir hier nur die Mehrheit an. Und die Masse der Menschen in Europa ist in einem überwiegend geregelten Haushalt aufgewachsen. Um diese Gruppe geht es hier im Speziellen. Alle Beispiele basieren auf unseren Erfahrungen, die andere mit abweichenden Erkenntnissen nicht limitieren oder angreifen sollen.

Familie ist ein emotionales Thema, auch für uns.

Familie ist Definitionssache

Familie ist zwar klar definiert, aber eigentlich entscheidet das Gefühl wer zur Familie gehört und wer nicht.

Sicher, wir haben eine Familie, in die wir hineingeboren wurden. Eltern, Geschwister, Großeltern, Tanten und Onkel, Cousins und Cousinen – es können unzählige Menschen dazugehören. Das ist die Familie, mit der wir von Geburt an auf biologische Weise verbunden sind. Durch die Zeit, die wir mit den Menschen verbringen, kann auch eine weitere Verbundenheit auf emotionaler Ebene entstehen. Liebe und Hass liegen gerade beim Thema Familie ganz nah beieinander.

Das Wichtigste:
Du bist du,
und du trägst
in allererster
Instanz die
Verantwortung
für dich!

Dann gibt es die Familie, die man selbst mit seinem Partner gründet: die eigenen Kinder und Enkelkinder.

Auch die Menschen, die biologisch nicht mit uns verwandt sind, können uns eine Familie sein. Es sind die Menschen, die wir aus eigener Entscheidung heraus zu unserer Familie zählen. Grundsätzlich sagt man, dass man sich die Familie nicht selbst aussuchen kann, wobei das eindeutig Definitionssache ist. Du kannst dich dazu entscheiden, deine Familie selbst zu gestalten.

Ja, unsere biologische Verwandtschaft können wir uns nicht aussuchen. Doch wir können uns aussuchen, ob wir uns mit diesen Menschen umgeben möchten. Wir können uns auch entscheiden, die Menschen, die wir unabhängig von einer Partnerschaft lieben, zu unserer Familie zu zählen.

Viele unserer Kursteilnehmer, die Mitglieder in unserem Inner Circle oder The Change Tribe sind, betiteln diese Gemeinschaft häufig auch als Familie. Dort treffen Menschen aufeinander, die auf einer Wellenlänge sind und das gleiche Ziel verfolgen. Dass sie sich als Familie bezeichnen, ehrt uns ungemein. Und es freut uns, zu sehen, dass wir diesen Menschen einen Raum schaffen konnten, in dem sie sich frei entfalten können und so akzeptiert und verstanden werden, wie sie sind.

Die Familie steht unter dem Dach der bedingungslosen Liebe, jedoch haben wir das Gefühl, dass genau das gerne mal falsch verstanden wird. Es bedeutet, dass man sich liebt, gut zueinander ist, egal wie das Leben sich dreht.

Häufig wird diese vermeintlich bedingungslose Liebe dazu genutzt, um zu verletzen, um gnadenlos seine Meinung zu äußern und Mitglieder, bewusst oder unbewusst, zu limitieren.

In einer Familie vereinen sich Menschen unterschiedlicher Charaktere und verschiedenster Energien. Das kann zu Schwierigkeiten führen, aber sie können genauso gut lernen, voneinander zu profitieren, um miteinander zu wachsen. Das Mindset und der Umgang im Verwandtschaftskreis sind hierbei entscheidend.

Veränderungen

Sie wollen dir nichts Böses, sie meinen es nur gut. Sie kennen es nicht anders, deshalb reagieren sie so.

Wir sagen es dir offen und direkt, auch der Bereich Familie und Freunde ist ein gutes Stück Arbeit im Hinblick auf dein persönliches Ziel.

Stell dir folgende Situation vor: Du hast dich entschlossen, dass du dich weiterentwickeln möchtest, um in Zukunft ein freies Leben zu führen. Du arbeitest an deinen Konditionierungen, veränderst dich, denkst und redest ganz anders, baust dir ein Business auf und beginnst endlich, das Leben zu leben, von dem du ständig träumst.

Stell dich darauf ein, dass dich nicht jeder verstehen wird. Es ist fast so, als würdest du plötzlich eine andere Sprache sprechen. Gerade die Personen, die dachten, dich zu kennen, fühlen sich plötzlich vor den Kopf gestoßen und sind irritiert. Vielleicht habt ihr schon viel miteinander erlebt und durchgemacht, und auf einmal bist du anders. Aus deiner Perspektive ist es so, dass du beginnst, endlich du selbst zu sein. Du legst die ganzen Schichten ab, die über dich gelegt wurden. Doch die Menschen in deinem Umfeld kannten dich nun mal nur mit diesen Schichten oder wollen dich weiterhin genauso sehen. Nicht wenige Freunde und Familienmitglieder werden dich, egal wie du es machst, für deine Veränderung verurteilen. Andere werden vielleicht nur vermeintlich ehrliche Kritik üben. Aber mit viel Zustimmung brauchst du nicht zu rechnen. Warum ist das so?

Du wirst zum Spiegel ihrer verlorenen Träume!

Die meisten werden nicht verstehen, was du tust und warum du das tust. Nur die wenigsten beschäftigen sich aktiv mit Persönlichkeitsentwicklung. Der größte Teil unserer Gesellschaft lebt das Leben, was ihnen vorgegeben wurde. Und das ist voller Konditionie-

Du wirst zum Spiegel ihrer verlorenen Träume!

rungen und Limitierungen. Wir haben es in den vorangegangenen Kapitel schon mehrfach angesprochen. Es wird viel von Individualismus gesprochen, doch individuell darf man in unserer Gesellschaft nicht sein. Du hast zu funktionieren und in ein Muster zu passen. Das wird uns von klein auf beigebracht.

Wo ist die Individualität, wenn dein Leben doch schon geplant ist?

Krabbelgruppe, Kindergarten, Schule, Ausbildung, Studium, Festanstellung, Heirat, Haus, Kinder, Rente, vielleicht noch etwas leben, wenn die Gesundheit es zulässt, Tod.

Was wir dir damit veranschaulichen wollen, ist, dass der Grundgedanke über Selbstverwirklichung und Freiheit vollkommen falsch in uns verankert wurde. Und die Menschen, die nie damit begonnen haben, das zu hinterfragen, werden dich nicht verstehen.

Stell es dir mal wie eine Infektion vor, die in dir steckt und sich mit Widerhaken in dir verankert hat, ohne dass du dir dessen bewusst bist. Sie beeinflusst dich und die Richtung deines Lebens. Dein Körper und dein Geist kämpfen dagegen an und schütten Symptome aus. Du aber winkst ab und lebst mit diesen Symptomen, wie mit den Spinnen im Keller. Genau das macht gefühlt jeder. Das System, in dem wir leben, ist komplett auf unsere Symptome ausgelegt. Sie werden bewusst gefördert und nicht beseitigt.

- Wenn du ständig Kopfschmerzen hast, dann geh zur Massage oder zur Rückengymnastik.
- Hast du Verdauungsbeschwerden, dann probiere doch mal diese Präparate.
- Wenn du zu viel wiegst, dann mach die Diät von Star XY.
- Fühlst du dich ausgelaugt, dann mach Urlaub in einem Resort.
- Kannst du nicht schlafen, dann probiere diesen Tee, diese Pille oder lies ein Buch.
- Fühlst du dich alleine, kauf dir einen Hund.

- Bist du nicht selbstbewusst, kauf dir ein schickes Auto.
- ... die Liste ist unendlich.

Für jedes Problem bietet die Wirtschaft eine „Lösung". Ohne den Anstieg des Konsums gibt es auch kein ständiges Wachstum.

Alles um uns herum ist darauf ausgelegt, nur die Symptome zu besänftigen. Wann haben diese Mittel jemals dauerhaft geholfen? Nie.

Keiner dieser beschriebenen Wege geht in irgendeiner Weise auf das Problem ein, auf die Ursache. Du sollst dich nicht mit dir selbst beschäftigen. Wenn du das tun würdest, würdest du aufhören, diese ganzen Produkte zu kaufen. Dafür wirst du aber gebraucht: als Konsument. Darauf ist unser System ausgelegt. Von Generation zu Generation wurde uns dieses Muster, dieser Infekt, eingepflanzt. Wenn du aber bereit bist, dir deiner selbst bewusst zu werden, kannst du die Infektion erkennen und bekämpfen. Es ist unglaublich schwer, das umzuprogrammieren. Viele brauchen dafür Jahre und viel Unterstützung, doch es geht.

Sicher träumt jeder davon, sich selbst zu verwirklichen und frei zu sein. Aber fast niemand arbeitet an sich und den unterschiedlichen Baustellen, um dort hinzukommen. Das ist hart, und die meisten haben nicht gelernt, wie man seine eigene Persönlichkeit entwickelt. Daher tun die Leute es nicht. Und von dir wird insgeheim das Gleiche verlangt.

Denn wenn du es schaffst, deine Träume zu verwirklichen, zeigst du gleichzeitig allen anderen, dass sie versagt haben. Sie hätten es auch tun können, aber Unwissenheit, Angst und Gemütlichkeit hinderten sie daran. Die meisten wollen einfach nicht ihre Komfortzone verlassen. Somit stell dich darauf ein, dass nicht jeder in deinem Umfeld glücklich über deine Veränderung ist.

In der Familie ist es dann auch häufig so, dass sie dich nur davor bewahren wollen, Risiken einzugehen, Fehler zu machen und verletzt zu werden. Leider schaffen sie dadurch genau das Gegen-

Veränderungen
können Beziehungen
zerreißen, doch das
ist kein Grund,
sie deshalb nicht
zu wagen.

teil. Sie limitieren deine Möglichkeiten. Andere fühlen sich dazu erkoren, Ratschläge zu geben – gut gemeinte Ratschläge. Nicht ohne Grund wurde das Wort genau so konzipiert: Rat-SCHLÄGE. Es sind eigentlich verkleidete Backpfeifen, die ausgeteilt werden. Ja, es kann gut sein, dass der Absender es nicht bewusst macht und vieles nicht direkt so meint. Meistens will die Familie dich beschützen. Doch im Endeffekt bleibt die Botschaft die gleiche. Damit kann ganz viel Schaden in der Beziehung angerichtet werden.

Gerade die Menschen, die dir am Nächsten stehen, sind leider häufig die, die dein Wachstum nicht akzeptieren können. Veränderungen können Beziehungen zerreißen, doch das ist kein Grund, sie deshalb nicht zu wagen. Familienmitglieder können gerade in Zeiten der Veränderung deine größten Feinde sein, dir Felsbrocken in den Weg legen und dich zweifeln lassen an dem, was du willst.

Solche bewussten Veränderungen können viele Wahrheiten ans Tageslicht bringen. Einige tun weh, gerade wenn es um die Familie geht. Aber es kann dir helfen, dich bewusst von Menschen zu entfernen, die für dich einfach nur toxisch sind und dich auf deinem Weg behindern. Familie bleibt immer Familie. Doch du entscheidest selbst, mit wem du weiter in engem Kontakt stehen möchtest.

Wir feiern die Menschen, die offen sind für Veränderungen. Die, die dich unterstützen, egal wohin der Weg dich führt. Diese Menschen geben dir Power und Rückhalt, den du auch brauchen wirst. Der Schritt, sich selbst zu verwirklichen, bedeutet leider auch, sich gegen die Einstellung und Meinung der Mehrheit zu stellen. Und das bedeutet eben auch, klarer in die Welt zu blicken, sich selbst zu spüren und mehr zu verstehen, als die meisten es tun. Ein „Ja" zu dir und deiner Entwicklung bedeutet auch ein „Nein" zu toxischen Menschen, die dich daran hindern wollen. Und ja, das sind manchmal auch Freunde oder Familie.

Wir alle gehen unseren Weg, du genauso wie die Mitglieder deiner Familie und deine Freunde. Wichtig ist der gegenseitige Respekt für diese Entscheidungen.

Der Feind im eigenen Bett

Solche Veränderungen treten auch häufiger in Partnerschaften auf. Ob verliebt, verlobt oder verheiratet ist dabei vollkommen egal. Wir haben schon des Öfteren Menschen beraten, die sich in eine andere Richtung als ihr Partner entwickelt haben. Man kann das gut in der nächsten Grafik sehen: Eine Zeit lang sind die Partner auf einem Level und blicken in dieselbe Richtung. Bis der Moment kommt, in dem einer eine Veränderung will. Er beginnt nach etwas zu suchen, was ihm fehlt, lernt neue Dinge kennen, nimmt neue Perspektiven ein und entwickelt sich weiter.

Der eine Partner entwickelt sich in eine andere Richtung, wobei der andere weiter geradeaus geht. Sie sind nicht mehr auf Augenhöhe. Und genau an diesem Punkt treten häufig Probleme in der Partnerschaft auf.

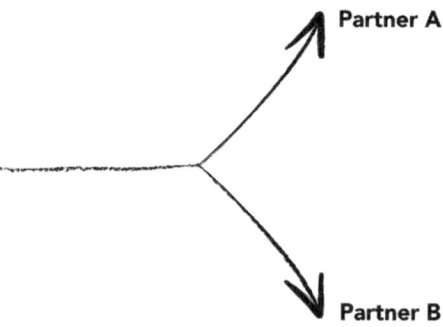

Partner A

Partner B

Wir standen damals vor der gleichen Situation. Aber dazu später mehr, denn zunächst möchten wir dich einmal kurz mit auf eine kleine

Zeitreise zum Beginn unserer Beziehung nehmen. Wir waren gerade einmal neun Tage zusammen, als Taylers One-Way-Flug nach Dubai anstand. Er wanderte aus und ich (Anika) stand mit gebrochenem Herzen und dicken Kullertränen am Flughafen, mit nur einem Gedanken: „Diesen Typen wirst du nie wieder sehen. Aus dem Auge, aus dem Sinn." Wenn ich bloß zu diesem Zeitpunkt bereits gewusst hätte, wie unser Leben zehn Jahre später einmal aussehen wird.

Da war sie also, unsere Fernbeziehung zwischen Dubai und Köln. Etwas, womit wir beide zu Beginn vollkommen überfordert waren, denn diese Art von Beziehung kannten wir beide nicht. Zwei junge Menschen, die kaum mehr als wilde Partys im Kopf hatten, sollten auf einmal eine frische Beziehung über zwei Kontinente aufrechterhalten? Eine Aufgabe, bei der die meisten Menschen wahrscheinlich bereits beim ersten Gedanken daran scheitern und lieber alles hinwerfen. So wie es in der heutigen Wegwerfgesellschaft eben so typisch ist. Alles, was mit viel Arbeit und einem eher steinigen Weg zu tun hat, wird lieber einfach weggeworfen – Beziehungen, Ziele, Träume. Auch wenn am Ende dieses Weges doch eigentlich das größte Glück auf einen wartet.

Aber wie du dir sicherlich denken kannst, haben wir auch an dieser Stelle andere Entscheidungen für uns getroffen. Wir wollten diese Beziehung. Wir wollten uns. Und somit haben wir uns ein großes und viele kleine Ziele gesteckt und gekämpft. Wir haben an einem Strang gezogen, uns blind vertraut und einfach niemals aufgegeben, ganz egal, wie schwer und herausfordernd es zwischenzeitlich wurde. Es gab zahlreiche Momente, in denen wir alles hätten hinschmeißen wollen. Momente, in denen wir beide an uns zweifelten, an unserer Beziehung und ob das hier wirklich alles einen Sinn hat. Nicht, weil wir uns nicht liebten, sondern weil unsere Leben so unglaublich verschieden waren. Und gleichzeitig hat jeder verstrichene Tag dieser Fernbeziehung geholfen, den Glauben zu stärken, dass das hier wirklich etwas Großartiges werden könnte.

Und plötzlich, nach knapp zweieinhalb Jahren Fernbeziehung, stand unser großer Tag vor der Tür. Am 30. September 2016 ging dann auch endlich mein One-Way-Flug nach Dubai und damit zu meiner großen Liebe, die so lange auf mich gewartet hatte. Wow, wir hatten es geschafft. Dieses Gefühl, das uns beide durchströmte, als wir uns endlich in den Armen lagen und wussten, ab jetzt müssen wir nie wieder getrennte Wege gehen, war einfach unbeschreiblich. Und das war vor allem unser Beweis dafür, dass es sich lohnt zu kämpfen. Dass es sich lohnt, den Fokus nur auf sich selbst, statt auf die Meinungen im Außen zu legen. Und dass es sich vor allem lohnt, sich große Ziele zu stecken, auch wenn sie einem zu Beginn Angst machen.

Dieses neue Kapitel fühlte sich unglaublich schön an. Wir zogen in unsere erste gemeinsame Wohnung und starteten ein gemeinsames Leben in Dubai. Die ersten Wochen waren einfach nur aufregend. Wir lebten unser High Life in Dubai und könnten dir an dieser Stelle die verrücktesten Geschichten erzählen. Doch dann warteten plötzlich neue Herausforderungen auf uns, denn die anfängliche Euphorie verpuffte irgendwann, unser gemeinsames Leben wurde zum Alltag und wir entwickelten uns in unterschiedliche Richtungen.

Ich (Tayler) hatte gerade meine erste Selbstständigkeit in Dubai gestartet, während ich parallel für TUI im Außendienst gearbeitet habe. In meiner Selbstständigkeit war alles neu für mich, und ich fand es geil. Ich war motiviert, ich hatte Bock und bin losgelaufen und habe mich in so viele neue Bereiche eingearbeitet. Diese Tätigkeit war anders als mein Job bei TUI, und ich war Feuer und Flamme. Meine Möglichkeiten waren weniger limitiert. Ich habe gesehen, dass ich damit viel mehr Geld verdienen und viel freier handeln kann. Das hat meinen Kopf einmal kräftig aufgeräumt und Platz geschaffen. Platz für die Erkenntnis, dass ich im Leben mehr Erfolg haben kann, dass ich mehr verdienen kann, dass ich freier sein kann, als ich es mir je ausgemalt habe. Auf einmal war da ein Weg, wie ich alle meine Bedürfnisse befriedigen konnte.

Ich begann, mich richtig reinzufuchsen, um immer besser und besser zu werden. Zig Bücher habe ich in der Zeit verschlungen, so viele habe ich während meiner ganzen Schulzeit nicht gelesen. Und auch unzählige Podcasts habe ich regelrecht eingesogen. Um weiterzukommen, bin ich zu unterschiedlichen Events gegangen, um so viel wie möglich in mich aufzusaugen wie ein Schwamm. Das hat mich verändert. Ich redete anders, über ganz andere Themen, und bin meinen Weg gegangen. In meiner Selbstständigkeit wurde ich immer besser und erfolgreicher.

Wie in der vorher abgebildeten Grafik bin ich abgebogen. Meine Persönlichkeit hat sich weiterentwickelt, und Anika ist weiter geradeaus gegangen. Sie hatte einen tollen Job bei Emirates und konnte so viele Länder bereisen. Sie war stolz auf das, was sie tat, doch von Persönlichkeitsentwicklung war in ihrem Job in keiner Weise die Rede. Anika hat sich in der Zeit entwickelt, aber nur im Rahmen ihres Jobs, wo sie Scheuklappen aufgesetzt bekommen hat. In ihrer Persönlichkeitsentwicklung ist sie stehen geblieben.

Und plötzlich kam der Punkt, an dem wir beide begannen, unterschiedliche Sprachen zu sprechen. Wir waren auf unterschiedlichen Ebenen. Das hat die Kommunikation unfassbar schwer gemacht, weil wir aneinander vorbeigeredet haben. *You either make it or break it.* Das war leider häufig das Thema unserer Diskussionen. Sie hat mir Sachen erzählt, die ich nicht nachvollziehen konnte.

Und mir (Anika) ging es da genauso. Er war voller Elan und sah überall nur offene Türen und Möglichkeiten, wie wir unser Leben gestalten können. Ich konnte zu der Zeit nicht nachvollziehen, was er in unserem Leben denn so falsch findet. Warum er alles umwerfen will.

Um ehrlich zu sein, habe ich mich auch nicht bemüht, ihn zu verstehen. Er hat begonnen, mein Leben infrage zu stellen und mir Sachen zu sagen, die mich vor den Kopf gestoßen haben. Andererseits hatte er sich auch nicht bemüht, es mir richtig zu erklären und mir die Zeit zu lassen, alles sacken zu lassen, um es zu verstehen.

Der Punkt war, dass Tayler gesehen hat, dass ich nicht glücklich war in meinem Job. Ich war ständig krank und nicht selten musste ich heulen, wenn der nächste Flug anstand. Ich wollte es allerdings nicht wahrhaben. Ich habe es mir selbst schöngeredet und aufgehört, nach links und rechts zu gucken. Ich war wie in einem Tunnel. Gebrainwashed von Emirates und dieser Möchtegern-Glitzerwelt. Sie passte perfekt zu Dubai, aber nicht zu mir. Mein Körper rebellierte, ich ignorierte alles und konzentrierte mich auf den nächsten Flug. Die Diskussionen mit Tayler wurden immer größer und hitziger, bis wir durch einen „kleinen Trick" wieder den richtigen Pfad fanden.

Wir haben wieder begonnen, den gleichen Weg einzuschlagen. Das ging natürlich nicht einfach so. Es war einiges an Arbeit. Gerade wenn man sich nicht verstanden fühlt, ist es schon mal schwer, sich zurückzunehmen und unvoreingenommen über Probleme zu sprechen. Was haben wir also gemacht? Du erwartest jetzt den großen Zaubertrick und die Wunderwaffe, um deine Beziehung zu retten, dann muss ich dich leider enttäuschen, denn alles, was wir gemacht haben, war endlich miteinander über die Zukunft zu sprechen und zu kommunizieren. Ich durfte endlich meine Träume aussprechen und Tayler seine. Wir haben alles aufgeschrieben. Wir nahmen uns Papier und Stift zur Hand und haben alle unsere Bedürfnisse, Ziele und Wünsche für die Zukunft aufgeschrieben. Unsere Schnittmenge war im Endeffekt das Reisen, davon hatten wir bereits erzählt. Es hat einige Zeit gedauert, bis wir wieder auf einer Wellenlänge waren. Und hätten wir einige Dinge vorher anders angepackt, hätten wir uns einigen Stress ersparen können, aber auch dieser Teil unserer Geschichte war am Ende wichtig für unsere Entwicklung.

Genau dieses Problem, das wir gerade geschildert haben, haben wir bereits in mehreren Partnerschaften gesehen. Daher hier ein paar Tipps, falls du dich in der Geschichte auch wiedergefunden hast und es eine Person in deinem Leben gibt, die du gerne auf diese Reise mitnehmen willst:

- Versuche der Person klarzumachen, dass du dich in deinem jetzigen Leben nicht glücklich fühlst. Gehe darauf ein, was dich unglücklich macht und was du gerne ändern möchtest.
- Äußere deine Bedürfnisse und erzähle, wo du gerne hin möchtest. Gehe ins Detail und erkläre, wie es dazu gekommen ist, dass jetzt der Drang da ist, etwas zu verändern.
- Erzähle darüber, wie du dir dein Leben vorstellst und wie du dahin kommen willst. Erkläre, dass du mehr als 08/15 vom Leben erwartest und dass du diesen Weg gerne gemeinsam gehen würdest.
- Mache deinem Partner klar, dass er nicht den gleichen Weg gehen muss, wie du ihn gerne gehen möchtest. Und auch nicht, dass er den Weg verstehen muss. Aber, dass du dir wünschst, dass dein Partner deine Entscheidungen unterstützt.

Klar und offen mit dem Partner zu kommunizieren ist der Schlüssel, so banal das auch klingen mag. Da ist er, der magische Zaubertrick – Kommunikation!

Und ich hätte mir damals gewünscht, dass Tayler mich mehr auf diese Reise mitnimmt, mir mehr von seinen Erfahrungen und Bedürfnissen erzählt. Ich hätte ihn gerne mal zu einem Event begleitet, um ihn besser verstehen zu können. Wahrscheinlich war ich zu der Zeit der größte Feind in seinem Bett, weil ich ihn zu wenig auf dieser Reise unterstützt habe. Ich konnte einfach nicht nachvollziehen, was in ihm vorging. Auf einmal war Tayler ganz anders als der Tayler, den ich kennengelernt habe. Er sprach anders, seine Prioritäten hatten sich verändert und ich zweifelte auch daran, ob seine Gefühle für mich noch die gleichen waren. Mein Tayler hatte sich auf links gedreht, und ich war perplex.

Klar und offen
mit dem Partner
zu kommunizieren
ist der Schlüssel.

Aus einem Kind in Köln, das nur an Party und Alkohol dachte, war ein Mensch geworden, der Verantwortung übernahm, Ziele im Leben hatte, Geld verdienen wollte, sich mit dem Status quo nicht zufrieden gab und alles in seiner Macht Stehende tat, um seine Ziele zu erreichen. Wo war der Tayler hin, den ich kannte?

Daher ist es ungemein wichtig, dass vor allem der, der losrennt und sein Leben umkrempelt, seinen Partner mitnimmt. Reiche deinem Partner die Hand und gib ihm die Möglichkeit, dich zu verstehen. Dann fällt es ihm bestimmt auch leichter, auf dich einzugehen.

Wir haben die Situation für uns so gelöst, dass wir einen gemeinsamen Plan für unsere Zukunft erstellt haben. Buchstäblich haben wir alles schwarz auf weiß notiert. Darauf kamen alle unsere Wünsche für die Zukunft, unsere Bedürfnisse und Vorstellungen. In dieser Fülle von Informationen haben wir unsere Schnittmenge gefunden. Das war der erste Schritt. Unsere Blicke gingen wieder in dieselbe Richtung. Dieser Plan ähnelte einem anfänglichen „Visionboard". Ein Plan oder ein Visionboard hilft dir, deine Ziele zu manifestieren und liefert deinem Unterbewusstsein die nötige Navigation. Bewusst und auch unbewusst steuert dein System dich zu deinen Zielen, du musst sie nur festlegen, aussprechen und daran arbeiten.

Gib den Menschen in deinem Umfeld die Möglichkeit, deine Entscheidung nachzuvollziehen. Wenn du nicht darüber redest, was dich zu dem Wandel bewegt, dann wirst du bei anderen Menschen häufiger gegen eine Wand laufen. Gerade bei Personen, die dir nahestehen, ist es wichtig, nicht nur die oberflächlichen Fakten anzusprechen, sondern auch in die Tiefe zu gehen. Sprich darüber, wie du empfindest, wenn du weiter diesem Job nachgehst. Oder erzähle, was dich im Alltag unglücklich macht.

Wenn du möchtest, dass deine Familie und/oder dein Partner deine Beweggründe nachvollziehen, dann musst du bereit sein, dich mitzuteilen.

Der richtige Zeitpunkt für Familie

Wann ist eigentlich der richtige Zeitpunkt, eine Familie zu gründen? Das ist bestimmt eine Frage, die sich so einige Paare stellen. Nicht jetzt, erst wenn ich ...

Wenn du was? Das Projekt abgeschlossen hast, ein eigenes Business hast, ein Haus gebaut hast? Das Leben wird auch mit einem Kind weitere Projekte für dich bereithalten. Und es gibt immer so viele Gründe, warum man etwas nicht tut. Das Universum findet auf die eine oder andere Art einen Weg, dir zu sagen, wann es so weit ist. Die Frage ist nur, ob du bereit bist, zuzuhören.

Die Corona-Pandemie war auf die unterschiedlichste Weise ziemlich aufregend für uns. Besonders ein Erlebnis wird uns immer in Erinnerung bleiben, ob wir wollen oder nicht. Diese Geschichte haben wir in der Art noch nie erzählt. Es begann so banal.

Wir waren im Januar 2022 in Österreich im Skiurlaub. Unseren Rückflug nach Indonesien hatten wir bewusst so organisiert, dass wir die zu dem Zeitpunkt verpflichtende Quarantäne an einem angenehmen Ort verbringen können. Daher haben wir unseren Heimflug nach Bali über Manado in Indonesien gebucht. Dort hatten wir ein Zimmer in einem Tauchresort reserviert, sodass wir entspannte fünf Tage in einem schönen Resortzimmer mit Balkon statt im Quarantäne-Stadthotel in Jakarta verbringen konnten.

Am Tag des Abfluges fühlte Anika sich nicht besonders gut. Wir dachten zuerst, dass es daran liegt, dass ihre Periode im Anmarsch war, aber es wurde immer schlimmer. Vor Reiseantritt haben wir beide einen Corona-Test gemacht, die beide negativ ausfielen.

Als wir dann in Manado ankamen, wurden wir erneut getestet, und Anika war positiv. Sie hatte scheinbar wirklich Corona. Nicht schlimm, dachten wir. Nicht ohne Grund haben wir uns dafür entschieden, über Manado einzureisen, da das Resort, welches wir gebucht hatten, sehr abgelegen war und gute Bedingungen für eine entspannte Quarantäne bot. Tja, da hatten wir die Rechnung leider ohne die indonesische Regierung gemacht. Wir durften nicht weiterreisen. Wir wurden von einem Krankenwagen eingesammelt und mit Blaulicht bis zu einem improvisierten Covid-Lager gebracht. Das war nicht mal ein Lager, es glich eher einem Gefängnis. Es war sogar umzäunt, und das Tor wurde von Security-Personal bewacht, damit bloß niemand das Gelände verlässt. Wir hatten direkt ein Zimmer neben einem Raum, in dem Transportliegen für Leichen abgestellt wurden. Zum Glück haben wir nicht miterleben müssen, wie die in Einsatz kamen.

Dort sollten wir uns die nächsten fünf Tage auskurieren. Von Auskurieren war hier aber nicht die Rede. Die Umstände waren dermaßen katastrophal, dass wir beide nach den ersten fünf Tagen jeweils sieben Kilo leichter waren. Von dem Essen haben wir einfach nichts runterbekommen, Fischköpfe und verfaulte Bananen waren zumindest für uns keine Delikatesse.

Zudem gab es weder Toilettenpapier noch Handtücher oder Bettwäsche. Der Müll stapelte sich vor den Zimmern. Du kannst dir also sicherlich vorstellen, dass die Gegebenheiten vor Ort nicht gerade hygienisch waren. Hast du schon mal einen Hoodie als Kopfkissenbezug genutzt und dich mit deinen T-Shirts abgetrocknet? Wir schon.

Vom Internet wollen wir gar nicht erst sprechen. Wenn es gut lief, hatten wir 3G, wenn es schlecht lief, gar keinen Empfang. Wir waren einfach nur froh, dass wir vor der Abreise zwei Staffeln unserer Lieblingsserie auf Netflix heruntergeladen hatten, um irgendwie die Zeit totzuschlagen.

Wir waren eingepfercht in vier Wänden, alleine unter unzähligen Corona-Infizierten, ohne medizinische Versorgung, mitten im Dschungel. Kein Arzt weit und breit. Hätte es einen Notfall gegeben oder die Infektion hätte wirklich schlimme Folgen gehabt, dann hätten wir der Kraft unserer Körper und dem Universum vertrauen müssen. Wir können von Glück reden, dass es uns beiden gesundheitlich nicht allzu schlecht ging und wir nur leichte Grippe-Symptome hatten. Wir möchten uns wirklich nicht ausmalen, was passiert wäre, wenn unsere Covid-Erkrankung schlimmer verlaufen wäre. Nach fünf Tagen kam jemand in einem Schutzanzug in unser Zimmer, um uns erneut auf Corona zu testen. Anika war immer noch positiv, daher mussten wir weitere fünf Tage isoliert bleiben. Du fragst dich jetzt vielleicht, warum wir nur alle fünf Tage getestet wurden? Glaub uns, die Frage stellen wir uns ebenfalls bis zum heutigen Tag. Es gab dafür keine logische Erklärung außer die, dass die Kosten hier gering gehalten wurden. An Tag elf war Anikas Testergebnis schließlich negativ. Sie hatte nachweislich kein Covid mehr. Aber es kam, wie es kommen musste: Tayler, der sich die ganze Zeit wacker geschlagen hatte und gesund geblieben war, war nun positiv. Ist ja auch kein Wunder, wenn alle auf engstem Raum einfach abgestellt werden, sodass sich die Menschen untereinander anstecken. Ja, es war ein Abstellraum für Covid-Infizierte, die wie Ratten eingefangen und sich selbst überlassen wurden. Einfach ekelhaft.

Also ging der Spuk von vorne los. Wir mussten erneut fünf Tage bis zum nächsten Test warten. Wir steckten all unsere Hoffnung in dieses Ergebnis, denn unsere Nerven lagen nach 15 Tagen wirklich mehr als blank. Guess what, auch Taylers nächstes Testergebnis war natürlich noch positiv und wir mussten nochmals weitere fünf Tage dort verbringen. Zu dem Zeitpunkt wurde vor allem uns auch klar, dass wir dringend etwas verändern mussten in unserem Unternehmen, denn während wir in diesem Gefängnis unsere Zeit absaßen und kein Internet hatten, verlor unser Geschäft natürlich an Schwung. Die Kosten stiegen, die Umsätze fielen, denn wir waren von jetzt auf gleich von der Bildfläche verschwunden.

Nach ganzen 21 furchtbaren Tagen durften wir endlich gehen, ohne Corona, dafür abgemagert bis auf die Knochen.

Warum ist gerade uns das passiert? Diese Frage ist uns unentwegt durch den Kopf gegangen, während wir eingesperrt waren und auch als die Horrorshow vorbei war.

Was möchte
uns das Universum
damit für unser
Leben sagen und mit
auf den Weg geben?

Warum wir? Grundlegend ist klar, dass wir darauf nie eine Antwort bekommen werden.

Einige Zeit später, als wir endlich in der Lage waren, rational unsere Erlebnisse zu hinterfragen, haben wir diese Fragen dann ein wenig anders, deutlich zielführender formuliert: Was möchte uns das Universum damit für unser Leben sagen und mit auf den Weg geben?

Es ist nicht immer leicht, nicht im Mitleid zu baden, speziell dann, wenn man mitten in einer schrecklichen Situation steckt. Doch gerade da solltest du versuchen, dir darüber Gedanken zu machen, was das Universum dir mitteilen will. Was sollen wir lernen?

Unsere größte Erkenntnis aus diesem Gefängnisaufenthalt im Dschungel war: Das Leben ist so unfassbar kurz. Ja, man hört und sagt ständig: „Lebe jeden Tag, als wäre es dein letzter", aber wer tut das denn wirklich? Man sagt es immer nur so dahin. Für uns war das noch mal ein Tritt in den Hintern. Dadurch haben wir begriffen, dass jeder Tag kein weiterer Tag, sondern ein Tag weniger ist. Wir mussten endlich anfangen, mehr zu leben, dankbarer für jeden Tag zu sein und unser Leben nach unseren Wünschen zu gestalten. Wir sollten viel mehr genießen und auch unsere Freiheit und Gesundheit mehr zu schätzen wissen. Lovelifepassport musste wachsen, fernab von uns beiden. Wir brauchten keine Selbstständigkeit, sondern ein echtes Unternehmen mit Strukturen, das auch ohne uns funktionierte.

Worauf haben wir eigentlich gewartet? Auf den vermeintlich richtigen Moment, eine eigene Familie zu gründen. Immer gibt es irgendwelche neuen Projekte, Events und Pläne. Unser Leben ist busy. Es ist immer etwas los, und immer hat uns etwas daran gehindert, diesen Schritt zu tun. Der Punkt ist, dass es immer Dinge zu erledigen gibt, und auch in der Zukunft wird es nicht anders sein. Nach dieser Quarantäne war uns klar, dass das Leben einfach zu kurz ist, um auf den richtigen Moment zu warten. Es war also an der Zeit, dass wir versuchten, Eltern zu werden.

Familie gründen

Für uns ist das das größte Geschenk, das wir je erhalten konnten: unsere eigene Familie.

Sechs Monate nach der Quarantäne in Manado wurde Anika schwanger. Und dabei war unser Jahr, wie schon gesagt, bereits vollgepackt mit Events, Speaker-Acts in den USA, Retreats und Launches. Das Jahr war durchgetaktet.

Was wollte das Universum uns wohl damit sagen?

Es war Zeit für eine Veränderung. So wie zu der Zeit unser Business aufgebaut war, konnte es nicht weitergehen. Wir mussten ein paar Gänge zurückschalten, vor allem Anika. Das bedeutete nicht, dass das Geschäft nicht weiter wachsen sollte, sondern, dass wir uns weiter aus dem Unternehmen herausnahmen.

Wir begannen, Bereiche im Unternehmen umzustrukturieren. Bis zu Mylos Geburt haben wir 15 neue Mitarbeiter eingestellt. Nur so war es möglich, dass wir uns beide komplett aus dem Business herausziehen konnten, um erst mal nur Mama und Papa zu sein. Gerade die erste Zeit als Eltern ist viel zu kostbar, um sie in fremde Hände zu legen.

Das wiederum brachte unserem Business einen kräftigen Schub, da wir begonnen haben, viel mehr an Mitarbeiter abzugeben. Wir waren gezwungen, loszulassen und Kontrolle abzugeben. Die Schwangerschaft war unser Weckruf.

Mit Anikas Schwangerschaft haben wir also einiges für unser Business lernen können. Denn es hat sich herausgestellt, dass wir einige Prozesse verlangsamt haben, weil wir einfach nicht loslassen konnten. Mylo war in diesem Fall unser Antrieb, etwas in unserem bestehenden Business zu verändern, um die Zeit als Familie intensiver genießen zu können.

Pyramide: 4 levels of why

Grundsätzlich gibt es vier Kategorien, die unseren Antrieb definieren, warum wir arbeiten. Diese Grafik nennt sich „4 levels of why".*

4-LEVELS OF WHY

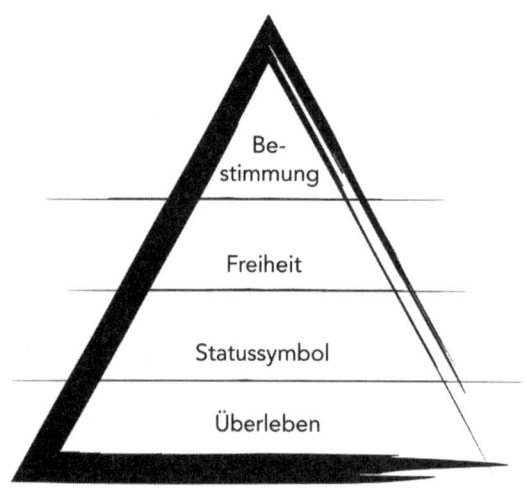

Für jeden kann der Antrieb ein anderer sein. Viele arbeiten, um den Kühlschrank zu füllen. Und tatsächlich bleiben die meisten allerdings genau da stehen. Sie arbeiten mit dem Ziel, zu überleben. Andere arbeiten, um sich bestimmte Luxusgüter leisten zu können und landen damit in Stufe 2: teure Uhren, schicke Kleidung, einen Sportwagen et cetera. Diese Statussymbole machen die meisten im ersten Moment glücklich, denn sie sorgen für Anerkennung aus dem Außen. Jedoch hat das nichts mit echter Erfüllung zu tun und somit reicht Stufe 2 für manch einen schnell nicht mehr aus, der dann die nächste Stufe der Pyramide hinaufgeht. Stufe 3 heißt Freiheit. Da geht es darum, ein selbstbestimmtes Leben zu führen – mehr zu reisen, Dinge zu tun,

---

* Modell nach Patrick Bet-David, https://www.entrepreneur.com/leadership/
evolve-your-why-find-your-purpose/283474

die wahre Erfüllung bringen, mehr Entscheidungsfreiheit im Leben zu haben. Die höchste Stufe ist die, die nur die wenigsten Menschen erreichen. Daher bildet sie auch die Spitze der Pyramide. An der Spitze sind die Menschen, die es schaffen, ihre wirkliche Bestimmung für sich selbst zu definieren. Warum bist du auf dieser Welt?

Wir sind alle diese Stufen gegangen, bis wir oben angekommen sind. Unsere Bestimmung setzt sich aus unseren vier Säulen zusammen, und dazu gehören eben auch die Familie und Freunde. Unsere Aufgabe ist es, unserem Sohn ein schönes Leben zu ermöglichen, damit er eine sorgenfreie Kindheit und alles hat, um sich zu einer eigenständigen, freien und grenzenlosen Persönlichkeit zu entwickeln.

Und weißt du, was das Verrückte an der Stelle ist? Ab der Sekunde, in der wir auf Instagram geteilt haben, dass wir ein Baby erwarten, wurde unser Postfach geflutet von Nachrichten wie: „Wartet bloß ab, sobald ihr Eltern seid, wird alles anders. Mit Reisen ist dann nichts mehr. Und für euer Business und eure Ehe habt ihr dann auch keine Zeit mehr."

Okay, alles klar. Laut der Person hinter dieser Nachricht sollte unser Leben wohl vorbei sein, sobald ich in den Wehen lag.

Das perfekte Beispiel dafür, was passiert, wenn man seine Bestimmung, Ziele oder Träume mit anderen Menschen teilt. Irgendjemand ist immer dabei, der versucht, sie dir auszureden, dich kleinmacht oder eben einfach seine negativen Vibes bei dir abladen muss, weil du ihm mit genau dieser Vision aufzeigst, was er bereits vor langer Zeit aufgegeben hat.

Und leider Gottes lassen die meisten Menschen genau solche Aussagen aus dem Außen schnell zweifeln. Egal wie klar der Plan eigentlich schon war, plötzlich kommen Gedanken auf wie:

- Wahrscheinlich hat er/sie recht.
- Vielleicht sollte ich meinen Plan wirklich noch mal überdenken.
- Mein Leben ist doch gar nicht so schlecht.

- Das schaffe ich doch sowieso nicht.
- Ich sollte einfach so weitermachen wie bisher.
- Dafür bin ich nicht gut genug.
- Was, wenn ich versage?

Herzlich willkommen zurück in Deutschlands Wegwerfgesellschaft! Denn an dieser Stelle wurde ein weiterer Traum erfolgreich begraben.

Wir haben auch in diesem Lebensabschnitt von Anfang an einfach alles anders gemacht. Wir haben uns weder von diesen Nachrichten beeinflussen lassen noch sind wir von unserem Plan, unserem Sohn das beste Leben zu ermöglichen, abgewichen. Und siehe da, trotz all der negativen Meinungen hat unser Sohn in seinem ersten Lebensjahr bereits drei Kontinente und neun Länder mit uns bereist. Ob du es glaubst oder nicht, diese Reisen machen ihn bereits jetzt zu einem unglaublich fröhlichen, weltoffenen und grenzenlosen Kind, das sich mit einem Affenzahn entwickelt.

Zudem widmen wir uns nach wie vor, auch als Eltern, allen anderen Lebensbereichen und schlüpfen tagtäglich in die verschiedensten Rollen. Wir sind Mama, Papa, Businessfrau und Businessmann, Ehefrau und Ehemann und dann sind wir manchmal auch einfach wir. Zwei Menschen, mit individuellen Bedürfnissen, die ebenfalls befriedigt werden müssen. Und nein, ich sage nicht, dass das leicht ist. All das unter einen Hut zu bringen ist unfassbar herausfordernd, anstrengend und bringt uns hin und wieder wirklich an unsere Grenzen. Aber auch hier lassen wir niemals von unserer Vision ab und beweisen uns selbst immer und immer wieder, dass es eben doch möglich ist.

Diese Erkenntnis ist erfüllend und gibt uns enorm viel Kraft, gerade in anstrengenden Zeiten. Dafür machen wir all das – für unsere Familie, für uns selbst, füreinander. Vergleich dich bitte nicht mit uns. Alles, was wir hier beschreiben, ist das Ergebnis aus jahrelanger Mindset-Arbeit, Arbeit mit Coaches und persönlicher Weiterentwicklung.

Ehepartner und Businesspartner

Für uns ist es genial, Ehepartner und gleichzeitig Businesspartner zu sein. Es gab auch andere Zeiten. Das ist nicht über Nacht entstanden, wir mussten da erst richtig reinwachsen.

Wir hatten erzählt, dass wir in unserer Beziehung an den Punkt kamen, an dem wir eine gemeinsame Schnittmenge gesucht haben. Das war das Reisen. Daraus ist im Nachhinein unser Business entstanden.

Um ehrlich zu sein, sind wir da sogar einfach reingestolpert. Denn uns beiden war zu Beginn nicht wirklich klar, was es eigentlich bedeutet, ein gemeinsames Projekt zu starten, welches dann später tatsächlich zu einem echten Business wird. Dementsprechend war der gemeinsame Start wirklich holprig. Wir mussten in diese neue Rolle, in die wir beide schlüpften, erst einmal reinwachsen. Wir mussten lernen, das Berufliche vom Privatleben zu trennen und ganz klare Grenzen zu ziehen. Das ist jedoch leichter gesagt als getan, ganz besonders dann, wenn man von zu Hause aus und (zu Beginn) gefühlt 24/7 arbeitet.

Vor allem mir (Anika) ist diese neue Situation anfänglich sehr schwergefallen. Ich hatte Schwierigkeiten mit dieser Trennung und musste vor allem eins lernen: Kritik auf Business-Ebene niemals persönlich zu nehmen. Eine ziemliche Herausforderung für eine sehr emotionale Frau wie mich. Wenn Tayler mir negatives beziehungsweise konstruktives Feedback gab, ging für mich gleich die halbe Welt unter, weil ich das Gefühl hatte, er kritisiert mich und meine Persönlichkeit statt meine Arbeit. Aber genau da lag das Problem, es war einfach nur ein Gefühl, für das ich am Ende selbst verantwortlich war.

Heute sind wir, zumindest meistens, in der Lage Business-Gespräche sehr rational statt emotional zu führen. Aber das war ein weiterer Prozess, den wir durchlaufen mussten und der mit jeder Menge Wachstumsschmerz verbunden war.

Heute profitiert unser Business von unserer Partnerschaft. Wir können mit weiblichen und männlichen Energien einen guten Ausgleich schaffen. Hier in diesem Fall sind wir auch mal geschlechtsspezifisch, denn es ist bei uns eindeutig so, dass Anika mehr weibliche und Tayler mehr männliche Energien einbringt. Zudem kennen wir uns sehr gut und somit natürlich auch die Stärken und Schwächen des jeweils anderen. Wir verteilen die Aufgaben im Business so, dass wir effizient Leistung bringen können und das tun können, was uns Spaß macht. Wir ergänzen uns sehr gut, und das schafft im Privaten und auch im Business eine Balance.

Sehr häufig werden wir gefragt, ob es besser ist, mit seinem Partner gemeinsam ein Business zu starten, als es alleine in die Hand zu nehmen.

Jedes Mal, wenn uns jemand diese Frage stellt, haben wir das Gefühl, dass jemand auf der Suche nach Ausreden ist. Mit einem Partner ist es genauso schwer wie ohne einen Partner. Es gibt kein besser oder schlechter, sondern nur ein: „Machst du es oder machst du es nicht?"

Vielleicht ist es auch einfacher, ein neues Business alleine aufzubauen, gerade wenn es um Entscheidungen geht. Zu Beginn gab es so viele Dinge zu klären und zu beschließen, dass wir uns gerne mal in die Haare bekommen haben, weil wir eben sehr unterschiedlich sind. Ja, wir ergänzen uns gut, aber das bedeutet nicht, dass wir immer einer Meinung sind. Das war eine große Herausforderung, da auf eine Ebene zu kommen. Daher können wir nur sagen, dass es zu zweit nicht unbedingt einfacher ist.

Nur weil wir gleichzeitig Ehe- und Businesspartner sind, heißt das nicht, dass eine solche Partnerschaft auch für dich das Richtige ist. Alleine kannst du es auch schaffen. Es muss für dich richtig sein.

Wenn du etwas wirklich willst, dann findest du immer einen Weg, dein Ziel zu erreichen.

Hindernisse oder Ausreden

Es gibt einen Haufen Gründe, Dinge nicht zu tun. Oder besser gesagt, es gibt einen Haufen Gründe, nach denen wir gezielt suchen, um etwas nicht zu tun. Die Frage ist, was hindert dich wirklich? Deine Angst, Selbstzweifel? Wenn du etwas wirklich willst, dann findest du immer einen Weg, dein Ziel zu erreichen. Es ist uns durchaus bewusst, dass es tragische familiäre Schicksale gibt, die das Leben in andere Bahnen lenken, ohne dass man es beabsichtigt. Um diese soll es hier aber nicht gehen.

Wenn du in eine arme Familie geboren wurdest, dann kannst du nichts dafür. Wenn du dann auch alt und arm stirbst, dann bist du selbst schuld. Warum? Verdammt! Du hattest Jahrzehnte Zeit, etwas an deiner Situation zu ändern, und hast nichts gemacht. So viele Möglichkeiten hättest du gehabt, um dein Leben so zu gestalten, wie es dir gefällt. Wenn du deine Chance nicht genutzt hast, dann bist grundlegend nur du dafür verantwortlich. Du bist der Künstler deines Lebens, also male es in den grellsten und blühendsten Farben, so wie es dir gefällt.

Nicht selten hören wir, dass ein Kind als Grund genommen wird, etwas nicht geschafft zu haben. Eltern sein ist einer der schwierigsten und verantwortungsvollsten Jobs auf der Welt. Und unseren höchsten Respekt haben all die Männer und Frauen, die alleinerziehend sind. Alles zu zweit zu meistern ist schon schwer, aber alleine? Puh! Dennoch ist es nicht fair, einem Kind diese Last aufzubürden, indem man sagt, dass man Dinge wegen der Kinder nicht tun konnte.

Ja, wir haben einander, und dafür sind wir unfassbar dankbar. Aber auch wenn es anders wäre, hätte dennoch jeder für sich an einem eigenen Business gearbeitet.

Es ist wesentlich schwerer, aber nicht unmöglich. Die Zeit ist eindeutig begrenzter. Aber es findet sich immer mal eine Stunde, um an Ideen zu feilen oder Pläne zu schmieden. Tu es gerade *wegen und für* dein Kind, damit du und dein Kind eine andere Zukunft haben können. Mache es, um eure Möglichkeiten auszuweiten.

Zeig deinen Kindern, was alles möglich ist, wenn deine Vorstellungskraft und dein Wille, es wahr zu machen, stark genug sind. Ihr könnt nur davon profitieren. Natürlich entwickelt sich nicht jedes Business zu einem millionenschweren Unternehmen. Darum geht es auch gar nicht. Es geht darum, dass du weiter an dir arbeitest, selbstbewusst wirst und dir von niemandem einreden lässt, dass du etwas nicht erreichen kannst – schon gar nicht von dir selbst.

Ein eigenes Business muss nicht Vollzeit sein. Nimm dir die Zeit, die du übrig hast, und feile an deinen Ideen. Finde Wege und werde kreativ. Das ist doch eine der Fähigkeiten, die man sich gerade als Eltern angewöhnt: für alles eine Lösung zu haben, egal wie sie aussehen mag. Dann tüftelst du eben mit deinem Kind zusammen an deinen Plänen, und ihr macht daraus gemeinsame Pläne. So schaffst du gleichzeitig auch ein Verständnis bei deinem Nachwuchs, wenn du dich mal zurückziehen willst, um zu recherchieren. Es gibt auch sehr viele Bücher als Audioversion, die du im Alltag hören kannst. Meditationsübungen oder Journaling kannst du mit deinem Kind zusammen machen, je nachdem, in welchem Alter es ist. Es kann euer „Ding" oder „Ritual" werden, an euren Träumen und Zielen zu arbeiten. Das schadet deinem Kind nicht. Ganz im Gegenteil: Du kannst ihm Dinge beibringen, die in unserer Gesellschaft einfach nicht mehr beigebracht werden.

Die Familienverhältnisse können für dein Leben ein unglaublicher Motor sein, dich aber auch in vielerlei Hinsicht bremsen. Das Entscheidende ist, wie du mit der Situation umgehst. Hör auf, nach Gründen zu suchen, warum etwas nicht geht, und fang an, die Welt mit ihren unzähligen Möglichkeiten zu sehen.

Fang an, die Welt
mit ihren unzähligen
Möglichkeiten
zu sehen.

Learnings

- Familie kann Fluch und Segen zugleich sein. Definiere also ganz individuell für dich, was Familie für dich bedeutet und wer ein Teil deiner Familie ist.
- Selbst ganz fremde Menschen, die jedoch die gleichen Ziele und Visionen verfolgen, können ein Teil deiner Familie werden.
- Meist meinen es enge Familienmitglieder nur gut mit dir und möchten dich schützen, weil sie es nicht anders kennen. Versuche, diese Menschen mit auf deine Reise zu nehmen, und teile deine Bedürfnisse mit ihnen.
- Sei dir bewusst, dass du mit deiner persönlichen Veränderung anderen Menschen oftmals einen Spiegel vor die Nase hältst.
- Manchmal liegt der größte Feind sogar im eigenen Bett. Falls du merkst, dass du dich in eine andere Richtung entwickelst als dein Partner, schnappt euch Stift und Papier und versucht, gemeinsame Ziele zu definieren.
- Willst du ein Business mit dem Partner oder lieber alleine gründen? Es gibt hier kein besser oder schlechter und auch kein richtig oder falsch. Beides bringt sowohl Vorteile als auch Herausforderungen mit sich.
- Werde zum Vorbild für deine Kinder, indem du dir ein erfülltes Leben erschaffst. Deine Familie sollte der Grund und dein Antrieb für diesen Weg sein.

„Escape and Arrive"-Fragen

- Wie definierst du Familie für dich?
- Welche Menschen in deinem engsten Familien- und Freundeskreis unterstützen dich, empowern dich und geben dir Energie?
- Welche Menschen in deinem engsten Familien- und Freundeskreis halten dich zurück, machen dich klein und rauben dir Energie?
- Zählen die Menschen, mit denen du die meiste Zeit verbringst, zur ersten Kategorie (Energiegeber) oder zur zweiten Kategorie (Energieräuber)?
- Wie kannst du es schaffen, dich mit Menschen zu verbinden, die gleiche Ziele verfolgen?
- Welche Veränderung ist notwendig, um im Lebensbereich „Familie und Freunde" glücklicher und erfüllter zu sein?
- Welche Handlungsschritte sind notwendig, um diese Veränderung umzusetzen?

Nachwort

Dein neues Leben wartet auf dich

von Anika und Tayler

*B*evor du jetzt weiterliest, nimm dir Papier und Stift und schreibe alles auf, was dir beim Lesen der letzten Kapitel durch den Kopf gegangen ist. Es ist kein Test. Nicht denken, einfach nur schreiben. Das hier ist für dich.

Auf den vorangegangenen Seiten haben wir dir sehr viel von uns erzählt, einige Geschichten waren sehr privat. Im Endeffekt soll es aber gar nicht um uns gehen. Du solltest sehen, dass wir nicht einfach irgendwelche Weisheiten wiederkauen und an dich weitergeben. Wir sind selbst diesen Weg gegangen. Und wir haben uns selbst zum Ziel gesetzt, auch andere zu diesem Schritt zu verhelfen.

Nicht ohne Grund haben wir unsere Vision folgendermaßen formuliert:

> *„Escape the ordinary. Gemeinsam schaffen wir nachhaltige Veränderungen in der Welt und inspirieren die größtmögliche Anzahl an Menschen, ein selbstbestimmtes und freies Leben zu führen."*

Wahrscheinlich hast du gemerkt, dass es hier auch nicht in erster Linie ums Business geht. Es geht hier einfach um so viel mehr als Geld, Status, Lifestyle und Erfolg. Es geht um dein Leben. Hier geht es darum, dein Glück zu finden und deine Bestimmung zu definieren. So lange haben wir den Fokus auf die falschen Dinge gelegt, so oft haben wir uns selbst verarscht und die Quittung dafür bekommen. Warum machen wir es uns so verdammt schwer, wenn das Leben eigentlich aus Leichtigkeit und Freude bestehen soll?

In den vergangenen Jahren haben wir unser Leben vollkommen auf den Kopf gestellt, weil wir eine Entscheidung für uns getroffen haben. Wir haben uns entschieden, wie wir leben wollen und wie wir sein wollen. Die vier Säulen Gesundheit, Spiritualität, Business sowie Familie und Freunde zeigen die wichtigsten Bereiche, die wir für unser Leben definiert haben. Unsere Säulen müssen in keiner Weise die deinigen sein. Finde für dich heraus, was dir in deinem Leben am wichtigsten ist. Zurück zu Leichtigkeit, zurück zu Freude und zurück zu neuem Lebensmut. Rein ins Abenteuer, das sich Leben nennt. Alle Emotionen haben hier seinen Platz und du darfst dies jetzt erkennen. Aus diesem Buch solltest du vor allem diese Learnings mitnehmen:

- Baue dir deine eigenen Säulen auf. Suche dir die Bereiche aus, die dir am wichtigsten sind. Prüfe danach, ob die Entscheidungen, die du triffst, auf dein Säulenkonto einzahlen. Wenn du für dich definiert hast, wo du hin möchtest, dann darf ab sofort jeder Entschluss auf dieses Konto einzahlen. Vergiss nicht, es geht darum, dein Leben zu leben, und nicht das der Eltern, der Freunde oder des Partners.
- Schaffe Bewusstsein für deinen Körper. Dein Körper schüttet sehr viele Signale in Form von Symptomen aus. Wenn du lernst, sie zu erkennen, sie zu verstehen und mit ihnen umzugehen, kommst du deinem Selbst immer näher. Solche Symptome haben nämlich immer eine Ursache. Vergiss das nicht.
- Achte auf deine Ernährung. Dein Körper braucht hochwertige Energien, um Leistung erbringen zu können – im Alltag und im Business. Food-Trends sind nicht für jedermann. Wichtiger ist, dass deine Ernährung ausgewogen, frisch und individuell auf dich abgestimmt ist.
- Pausen sind wichtig! Achte darauf, dass du konstant einen Ausgleich zum stressigen Businessaufbau hast und dich auf dieser Reise nicht selbst vergisst. Denk an Taylers Papa, der immer sagt: „Ein bisschen von deiner Zeit nimm auch für dich."
- Bewegung tut gut. Unser Körper ist darauf ausgelegt, auch genutzt zu werden. Durch Sport jeglicher Art kannst du Stress abbauen und Energie freisetzen. Disziplin und Durchhaltevermögen sind Tugenden für den Sport und auch für dein Business.
- Spirituell zu sein bedeutet schlichtweg, sich selbst zu finden. Welche Tools du dafür nutzt, bleibt dir überlassen (Meditation, Breathwork, Journaling). Versuche, deinen Blick mehr nach innen zu

Rein ins Abenteuer!

richten, nicht nach außen. Beobachte deine Gedanken und finde heraus, wer du wirklich bist, was dich glücklich macht, wo deine Stärken und Potenziale liegen und woran du noch arbeiten darfst.

- Nutze Human Design, um deinen ganz individuellen energetischen Fingerabdruck zu verstehen. An dieser Stelle ein kleiner Reminder: Alles in diesem Universum und auf dieser Erde ist Energie, und wenn du es schaffst, voll und ganz in deine eigene Energie zu kommen, entsteht Magie!

- Wo stehst du mit deinem Business, und wo willst du genau hin? Setze dir konkrete Ziele: kurzfristig, mittelfristig, langfristig.

- Für die Selbstständigen, Unternehmer und die, die es werden wollen, noch ein paar Zusätze:

  - Erstelle dir eine Unternehmensvision. Feste Unternehmenswerte helfen dir, in der Spur zu bleiben und deine Vision wahr zu machen.

  - Ein Organigramm der Zukunft ermöglicht es dir, dein Unternehmen komplett durchzustrukturieren. Jeder Position muss eine klar definierte Aufgabe zugeordnet sein.

  - Um so effektiv wie möglich ein Business zu gestalten, gibt es zahlreiche Tools. Durch diese kannst du viele zeitfressende Arbeitsschritte automatisieren. In der heutigen Welt sind Automatisierung, Prozesse und klare Strukturen alles! Du glaubst gar nicht, wie viel Geld und Zeit du sparen kannst, wenn du die alten Denkmuster ablegst und einfach offen für neue Systeme bist. Hier ist kein Platz für: „Das haben wir aber schon immer so gemacht!"

  - Nimm regelmäßig die Retrospektive in deinem Business ein. Schau dir deine Erfolge an und versuche, sie zu perfektionieren. Lerne aus deinen Misserfolgen und beseitige Fehlerquellen.

- Nur wenige Menschen beschäftigen sich aktiv mit Persönlichkeitsentwicklung. Wenn du stetig an dir arbeitest, dich veränderst und mehr vom Leben willst, kann es sein, dass deine engsten Vertrauten dich nicht verstehen. Nimm sie mit auf deine Reise und teile dein Wissen. Kenne aber auch deine Grenze. Du musst keinen davon überzeugen, dass du auf deinem richtigem Weg bist. Du musst einzig und allein selbst von dir und deinem Weg überzeugt sein, schließlich tust du all das hier nicht, um einfach nur anderen zu gefallen. In erster Linie geht es darum, dir zu gefallen. Die meisten meinen es gut mit dir. Doch es gibt auch toxische Menschen, und die darfst du einfach aussortieren. Sie gehören nicht in dein Leben!

- Suche nicht nach Gründen, warum du etwas nicht tun kannst. Wenn du etwas wirklich willst, dann setze dir ein Ziel, schreib einen Plan und geh in die Umsetzung. Viele Menschen denken, dass sie erst die perfekten Bedingungen bräuchten, um zu starten, wenn in Wahrheit die perfekte Bedingung aber der Start ist! Halt hier an. Lies den Satz davor nochmal und verinnerliche ihn!

- Du bist der Einzige auf der Welt, der für dein Glück verantwortlich ist. Es liegt in deinen Händen. Willst du etwas in deinem Leben ändern, dann tu es. Erinnere dich an das Zitat: „Die Definition von Wahnsinn ist, immer das Gleiche zu tun und andere Ergebnisse zu erwarten."

Das waren viele Infos und Tipps. Und wir hoffen sehr, dass du, nachdem du dieses Buch zu Ende gelesen hast, auch in die Umsetzung kommst. Sonst war das nur verschenkte Lebenszeit.

Sei bitte mal ehrlich zu dir selbst: Möchtest du weiterhin deinen Alltag so leben, wie du es gerade tust? Möchtest du weiterhin alle Menschen beneiden, die ihre Träume in Angriff nehmen?

Möchtest du dein Leben und deine Freiheit in die 30 Tage Urlaub im Jahr hineinquetschen und den Rest des Jahres nur über deinen Alltag meckern.

Wer bestimmt denn derzeit den Sinn deines Lebens? Bist das wirklich du? Reicht dir das normale Leben, oder hörst du auf, endlich einer der Symptomträger im System zu sein?

Brich aus,
sei mutig und
werde dir deiner
selbst bewusst.

Brich aus, sei mutig und werde dir deiner selbst bewusst, so wie die Maus, die sich dem Löwen entgegengestellt hat. Lass dir von niemandem einreden, dass du deine Ziele nicht verwirklichen kannst. Vergiss nicht, egoistisch zu sein. Du weißt, wie wir das meinen. Stell dich und deine Bedürfnisse nicht hinten an, sondern liebe dich selbst, so wie du bist. Nimm dir Zeit für dich, um deine Mitte zu finden.

Okay, das war jetzt sehr direkt. Und wenn das für dich wie eine Backpfeife war, dann können wir das sehr gut nachfühlen. Aber bitte, sei jetzt ehrlich zu dir selbst. Keiner kann deine Gedanken in diesem Moment hören, nur du.

Bist du glücklich? Fühlst du dich frei und ungezwungen? Bist du überzeugt davon, dein Leben so gestaltet zu haben, dass du nichts bereuen würdest oder das Gefühl hättest, etwas verpasst zu haben? Lebst du bereits das Leben, von dem du keinen Urlaub brauchst?

Das Buch nähert sich nun dem Ende, und die Entscheidung liegt bei dir. Wir haben dir einen Einblick gegeben, wie es anders sein kann. Wir haben dir passende Skills und ein Mindset geliefert, mit dem du starten kannst. Einfach ist dieser Weg nicht, diese Erfahrung haben wir auch gemacht.

Unser wichtigstes Learning kommt daher genau hier hin: Wir haben uns Menschen gesucht, die bereits da sind, wo wir hinwollen. Gerne unterstützen wir dich dabei, dass du endlich ein Leben führen kannst, nach deinen Vorstellungen: finanziell und geografisch unabhängig, frei von Limitierungen und voller Möglichkeiten.

Nein, das ist kein billiger Sales Pitch, sondern ein ernst gemeinter Rat. Wir wären beide unter keinen Umständen, wo wir aktuell stehen, wenn wir nicht Coaches und Mentoren um uns gehabt hätten.

Wir haben in den letzten Jahren eine Sache geschafft: Wir haben eine Gemeinschaft von Menschen geschaffen, die nur eines wollen: endlich ein Leben nach eigenen Regeln, basierend auf den eigenen Bedürfnissen. Zudem möchten sie umgeben sein von positiven und verrückten Seelen, die stetig wachsen wollen. Wenn du sagst, DAS sind meine Leute, das sind die Menschen, die ich brauche, die mich anstecken und die mir helfen, besser zu werden, dann kannst du Teil dieser Gemeinschaft werden. Wir fokussieren uns konkret auf den digitalen Online-Business-Aufbau und das damit verbundene Mindset. Tausende von Menschen durften wir in all den Jahren begleiten. Wir könnten dir die verrücktesten Geschichten erzählen. Vom jungen Studenten, der wie die meisten nicht wusste, was er studieren sollte und bei uns seine digitale Produktidee entwickelt hat, diese erfolgreich vermarktet hat und letztlich das Studium gegen eine Weltreise eintauschte. Finanziert durch ein eigenes Online-Remote-Business. Was ist mit der alleinerziehenden Mama oder dem alleinerziehenden Papa, die beide nicht wussten, wo ihnen der Kopf stand? Ja, beide haben weniger Zeit als andere, aber das bisschen Zeit muss und darf so effektiv wie nur möglich genutzt werden. Siehe da, die ersten Ergebnisse kommen, bei dem einen schneller, bei dem anderen langsamer. Aber hey, ist es nicht total egal, wann die ersten Ergebnisse kommen, Hauptsache, sie kommen? Denn die Alternative bedeutet, die nächsten Jahrzehnte einem Job nachzugehen, auf den du eigentlich gar keinen Bock hast. Und dann war da noch der 42-jährige Familienvater, der einfach mal etwas anderes machen wollte. Weg von gesellschaftlichen Normen hin zu Individualität und einem Geschäft, das der Familie endlich mehr Zeit schenkt.

Geschichten über Geschichten könnten wir dir erzählen von Menschen, die Unglaubliches erlebt haben und dennoch den Lebensmut gefunden haben, um mehr vom Leben erwarten zu dürfen.

Du bist nur eine einzige Entscheidung, ein Gespräch, einen Call und ein paar neue Eigenschaften von einem komplett neuen Leben entfernt. Ob du mit uns arbeiten magst oder dich am Ende für jemand anderen entscheidest, ist uns nicht wichtig. Wichtig ist, dass du jetzt losgehst und etwas veränderst, dir die essenziellen Fragen stellst und dann ab sofort nur noch nach deinen Bedürfnissen handelst.

Wichtig ist,
dass du jetzt
losgehst und
etwas veränderst.

Come join the tribe! Du weißt, wo du uns findest!

Last but not least haben wir eine Bitte: Dieses Buch hat Tausende von Stunden an Arbeit verschlungen. Im Grunde genommen hat es sechs Jahre gedauert, bis wir diese Zeilen schreiben konnten. Dieses Buch hat nur einen Zweck: dich zu inspirieren, mehr zu wollen, und wir hoffen, dass wir das geschafft haben. Falls du in diesem Buch etwas gelernt hast, du inspiriert wurdest und der Meinung bist, dass es auch andere lesen sollten, dann teile deine Sicht gerne auf Instagram, mit deiner Familie oder mit deinen Freunden. Nichts würde uns mehr freuen, als wenn mehr Menschen die Augen öffnen und ab sofort einen selbstbestimmten statt fremdbestimmten Weg gehen.

Wir hoffen, dich bald auf einem unserer Events, ob online oder offline, mal kräftig in den Arm zu nehmen. Und sei es nur virtuell.

Vergiss nicht: Du bist grenzenlos!

Let's go!

Anika und Tayler

P.S.: Jetzt leg dieses Buch weg, nimm deinen Zettel und deinen Stift wieder zur Hand und beginne mit deinen Plänen. Der beste Zeitpunkt ist jetzt!

Case Studies

Von der Influencer-Mama zur erfolgreichen Unternehmerin

Wie Jana gemeinsam mit Lovelifepassport ihr eigenes Online-Remote-Business auf 30 000 Euro Umsatz skalierte.

Janas Story

Vom Job in Abhängigkeit zum Systemausbruch mit erfüllendem Online-Remote-Business:

Jana begann mit einem kleinen YouTube- und Instagram-Kanal für den Mama-Alltag. Sie kam zu Lovelifepassport mit dem Vorhaben, ihr bestehendes Unternehmen zu erweitern und so die Unabhängigkeit vom Angestelltendasein zu erreichen.

Mithilfe des Mentorings von Lovelifepassport kreierte Jana **innerhalb weniger Wochen ihr erstes Online-Produkt und brachte dieses auf 30 000 Euro Umsatz.** Die ehemalige Fernsehmoderatorin und heutige Mama verfügt nun über eine Selbstständigkeit, die auf den Werten Freiheit, Wachstum und Familie aufbaut und auch in Zukunft noch weiter bestehen wird.

„Ich bin aufgegangen in meiner Berufung. Und das haben Lovelifepassport, die ganzen Mentoren, der Inner Circle, meine neuen Freunde, mein Durchschnitt, gemeinsam mit mir geschafft, und ich kann euch nur sagen: Geht los für euch! Es ist alles möglich." – Jana Hartmann

Herausforderungen und Probleme auf dem Weg zum erfolgreichen Remote-Business

Vor Beginn des Coachings von Lovelifepassport fand sich Jana mit dem Wunsch konfrontiert, eine berufliche Möglichkeit zu finden, die es ihr erlaubte, für ihre Tochter nach der Geburt uneingeschränkt da sein zu können.

Als Mama-Influencerin hatte sie bereits eine eigene Online-Community aufgebaut und verdiente ihr Geld mit Kooperationen und Direktvertrieb. Ihr Fokus lag hierbei darauf, ihren Alltag als Mama zu zeigen, Tipps und Tricks fürs Elternsein weiterzugeben und Produkte zu platzieren.

Obwohl sie ihr Angestelltengehalt dadurch ersetzen konnte, fand sie sich dennoch von ihrem Social-Media-Job abhängig – von Instagram-Followern, Insights und Verkaufszahlen.

So entstand der Wunsch nach Veränderung, nach einem neuen Weg, der ihr Freiheit und Authentizität versprach. Und dieser Weg führte sie zum **Inner Circle von Lovelifepassport.**

„Einfacher wird es, wenn du jemanden hast, der schon dort ist, wo du sein willst, und dir den Weg zeigt." – Jana Hartmann

Janas ultimative Transformation durch den Inner Circle von Lovelifepassport

Jana strebte danach, ihr bestehendes Online-Business zu skalieren, um mehr Freiheit und Selbstständigkeit zu erlangen und gleichzeitig für ihre Kinder da sein zu können. Dieses Ziel führte sie in den exklusiven Inner Circle von Lovelifepassport.

„Du bist der Durchschnitt der fünf Personen, mit denen du dich umgibst." – Jana Hartmann

Im Inner Circle erwarteten sie Menschen, die größer dachten und bereits genau das erreicht hatten, was sie anstrebte. Jana wurde dadurch von Grund auf neu geschult.

In Zusammenarbeit mit ihren Mentoren erschuf sie im Rahmen des Mentorings einen kompletten Funnel, inklusive Landingpage, Leadmagnet, E-Mail-Marketing und Salespage. Durch ihre Mentoren lernte sie die Grundlagen von erfolgreichen Marketingprozessen kennen, erhielt intensiven Support bei der Ideenfindung und fand Unterstützung im Hinblick auf Mindset, Traffic und Funnel.

Im ersten Versuch launchte sie einen 7-Euro-Crashkurs und machte damit einen ersten Umsatz von knapp **2400 Euro.** Dieser legte den Grundstein für ihren Online-Kurs „The Balanced Business Mum Concept".

Um ihrem Online-Kurs Leben einzuhauchen und Teilnehmer zu gewinnen, arbeitete Jana eng mit dem Team von Lovelifepassport zusammen. Gemeinsam entwickelten sie ihr erstes Live-Webinar, das dem Verkauf ihres Konzeptes dienen sollte. Mit Unterstützung ihrer Mentoren gelang es ihr, das Webinar zu hosten und den zweiwöchigen Launch ihres Online-Kurses erfolgreich abzuschließen.

Auch hier ließ sich das Ergebnis sehen:
Ihr Kurs „The Balanced Business Mum Concept" ließ sich ganze 75 Mal verkaufen. Dies brachte Jana einen **monatlichen Umsatz von knapp 30 000 Euro** ein – ein Betrag, der ihr jährliches Angestelltengehalt schon fast ersetzt.

Der Inner Circle von Lovelifepassport

Die wöchentlichen Coaching-Sessions, die Jana fünf Tage die Woche gemeinsam mit ihren Mentoren von Lovelifepassport absolvierte, boten ihr ein komplettes Toolkit für ihren Weg zum Erfolg. Die einzelnen Einheiten behandelten die folgenden Themen:

Mit den richtigen Ideen zum fünfstelligen Umsatz
Ideenfindung bezieht sich auf den ersten Schritt im Lovelifepassport-Mentoring-Ansatz, bei dem es darum geht, Ideen zu entwickeln und Einnahmequellen zu identifizieren. In diesem Stadium haben Janas Mentoren ihr geholfen, **kreative Konzepte** und **Einkommensstrategien** zu formulieren, die zu ihrem Business passen. Sie lernte, wie sie ihre Ideen in konkrete Produkte und Dienstleistungen umwandeln und die richtige Zielgruppe erreichen konnte.

Scale-up für Erfolg
In Janas Situation bestand die Herausforderung darin, Wege zu finden, ihr Business unabhängig von der Anzahl ihrer Follower, Verkaufszahlen oder Insights zu skalieren, um mehr Freiheit und Selbstständigkeit zu erreichen. Deshalb entwarf das Team von Lovelifepassport speziell für ihre Bedürfnisse einen **maßgeschneiderten Plan zur Umsatzgenerierung,** der ihr half, ihre individuellen Ziele erfolgreich anzugehen, ihre Einnahmen zu steigern und ein **fünfstelliges Einkommen** zu generieren.

Kompletter Aufbau von Marketingprozessen
Das Ziel in diesem Bereich war es, Jana dabei zu helfen, einen kontinuierlichen Strom von qualifizierten Interessenten zu generieren und diese durch den „Vertrauensprozess" zu begleiten, um einen erheblichen Anteil zum Kauf zu bewegen (Traffic, Marketing, Funnel).

Dies umfasst verschiedene Maßnahmen wie Werbung, Social-Media-Marketing, Suchmaschinenoptimierung (SEO), Content-Erstellung, E-Mail-Marketing, Conversion-Optimierung und mehr.

Mindset-Arbeit
Hier dreht sich alles um die mentale Einstellung, Denkmuster und Überzeugungen, die eine Person gegenüber jeglichen Situationen in ihrem Leben hat. Die Mentoren von Lovelifepassport arbeiteten gemeinsam mit Jana am **Aufbau eines starken Mindsets,** das dabei half, negative Glaubenssätze zu überwinden, Selbstzweifel zu bekämpfen, mit Rückschlägen umzugehen und sich auf Wachstum und Erfolg zu konzentrieren.

Bonus: Unterstützende Gemeinschaft im Inner Circle
Der Inner Circle von Lovelifepassport hebt sich durch eine enge, unterstützende Gemeinschaft hervor, in der sich Teilnehmer mit Gleichgesinnten umgeben, die bereits Großes erreicht haben. Wie Jana sagt, „ist man der **Durchschnitt der fünf Menschen, mit denen man sich umgibt".** Eine Gemeinschaft, die die gleichen Ziele und Visionen teilt, war auch für Jana ein unschätzbarer Treiber für Erfolg.

Durchbruch statt Bruchlandung

Mit welchen **Strategien** Jana ihr Online-Business gemeinsam mit Lovelifepassport auf 30 000 Euro Umsatz brachte:

1. **Raus aus der Recherche, rein in die Anwendung**
   Jana eignete sich mithilfe ihrer Mentoren von Lovelifepassport neues Wissen über Programme und Begriffe wie Landingpage, ClickFunnels, Leadmagnet und ActiveCampaign an und setzte dieses Wissen praktisch ein. Sie zeigte den Mut, sich mit neuen Technologien auseinanderzusetzen und sie erfolgreich zu nutzen.

2. **Verbindung mit der richtigen Gemeinschaft**

Jana trat dem Inner Circle von Lovelifepassport bei. Durch die Verbindung mit Gleichgesinnten, die bereits Großes erreicht hatten, konnte sie sich von deren Erfahrungen inspirieren lassen und wertvolle Unterstützung erhalten, die sie von der Instagram-Mama zur Erfolgsunternehmerin aufsteigen ließ.

3. **Transformation von Glaubenssätzen**

Jana überwand negative Glaubenssätze wie „Was denken die anderen?" und „Ich kann das nicht". Sie wandelte diese negativen Gedanken in positive Motivation um und nutzte sie als Antrieb, um ihre Ziele zu erreichen.

4. **Von Experten lernen**

Anstatt mit der Angst zu kämpfen, nichts zu verkaufen, suchte Jana professionelle Hilfe. Sie wandte sich an Experten und Mentoren, um Unterstützung im Marketing-Bereich zu erhalten. Dies half ihr, Unsicherheiten zu überwinden und erfolgreich zu verkaufen.

5. **Innovation und Kreativität**

Jana griff auf innovative Ideen zurück, um ihr Business voranzubringen. Sie erstellte einen Crashkurs und ein Live-Webinar, um Vertrauen aufzubauen und ihren Kunden Mehrwert zu bieten – eine der wichtigsten Key-Komponenten im Online-Marketing.

6. **Überwindung von Ängsten durch ihr „Warum"**

Anstatt sich von Ängsten lähmen zu lassen, nutzte Jana diese als Antrieb und fand ihre persönliche Motivation, ihr „Warum", in ihrer Rolle als Mutter. Sie erkannte, dass Angst nur ein Gedanke ist, den sie überwinden konnte, und fand in dieser Einstellung die Stärke, sich herausfordernden Situationen zu stellen.

Influencerin, TV-Moderatorin, YouTuberin und Motivations-Coach für Mamas, die mehr vom Leben wollen.
Heute ist Jana nicht nur eine Erfolgsunternehmerin, sondern auch eine Inspiration für Tausende von Menschen, die in ihren Fußstapfen folgen möchten. Ihre Geschichte zeigt, dass Hindernisse nicht das Ende bedeuten müssen, sondern oft den Anfang von Wachstum und Transformation markieren.

Möchtest du einen ähnlichen Erfolgsweg wie Jana hinlegen? Dann scanne jetzt den QR-Code und sprich mit einem unserer Experten in einem kostenlosen Strategiegespräch.

Egal, ob schon langjähriges Business oder bislang nicht einmal eine Idee: Wir können auch dir dabei helfen, ein nachhaltiges, erfolgreiches Online-Remote-Business aufzubauen.

Digitale Transformation: AcadeMEs Aufstieg zu 260000 Euro Umsatz durch Webinare

AcadeMEs Story

AcadeME, ein Unternehmen, das auf persönliche Entwicklung, Business, Spiritualität und Gemeinschaft setzt, befand sich in einer Situation, in der die Skalierung über das Online-Geschäft eine enorme Herausforderung darstellte. Obwohl das Kerngeschäft offline gut lief, war die Skalierbarkeit begrenzt. Die Neukundengewinnung gestaltete sich schwierig, und der Transfer von offline zu online erwies sich als knifflig.

Probleme und Herausforderungen

Die Bemühungen, über mehr als zehn Webinare einen erfolgreichen Funnel aufzubauen, führten nicht zu den gewünschten Ergebnissen. Ein zuverlässiges und planbares System für die Neukundengewinnung fehlte, und der ROAS blieb auf einem unzureichenden Niveau.

Das Mentoring

AcadeME entschied sich, mithilfe des Business-Blueprints von Lovelifepassport ein neues Verständnis dafür zu entwickeln, wie die Online-Produktwelt aufgestellt werden kann. Innerhalb der ersten fünf Wochen wurde das erste Live-Webinar gehalten, das direkt einen neuen Umsatzrekord verzeichnete.

AcadeMEs Ergebnisse

- Die Implementierung des neuen Sales-Prozesses, inklusive Lead-hunting und Setting vor dem Closing-Gespräch
- Mehr Klarheit bei der Qualifizierung der Kunden
- Ein profitabler und nachhaltiger Online-Webinar-Funnel wurde etabliert
- Erfolgreiche Neukundengewinnung durch ein individuelles Webinarsystem

Gesamtumsatz und aktuelle Situation

Seit dem Start der Zusammenarbeit im April 2023 konnte Acade-ME einen Gesamtumsatz von stolzen 260 000 Euro erzielen.

Janas und Sarahs Durchbruch von Selbstständigen zu visionären Unternehmerinnen mit 35000 Euro Monatsgewinn

Janas und Sarahs Story

Jana und Sarah, einst in vermeintlich „sicheren Jobs", strebten nach mehr im Leben und gründeten „Brand Your Voice" mit dem Ziel, Frauen beim Aufbau eines eigenen, tragfähigen Copywriting-Business ganzheitlich zu unterstützen. Trotz eines vielversprechenden Starts trafen sie auf diverse Herausforderungen und so entschieden sie sich für die Mitgliedschaft im Inner Circle von Lovelifepassport, um ihr Business weiter zu skalieren.

Probleme und Herausforderungen

Die beiden Unternehmerinnen standen vor der Herausforderung, ihr Business zu skalieren und zu automatisieren, Prozesse zu optimieren und ihre Ressourcen effektiv zu nutzen. Zu Beginn des Mentorings bei Lovelifepassport hatten sie keinen klaren Plan für den Aufbau ihres Unternehmens, kein festes Umsatzziel und kämpften mit mentalen Herausforderungen.

Das Mentoring

Im Verlauf des Mentorings bei Lovelifepassport erlernten Jana und Sarah effektive Automatisierungsprozesse, den Aufbau von Funnels, die Umsetzung der Evergreen-Strategie, die Anwendung von Ads sowie Verkaufsstrategien. Sie strukturierten ihren Business-Aufbau nachhaltig und integrierten erfolgreich ein Team.

Lass uns Tacheles reden — Janas und Sarahs Ergebnisse

- Integration eines Evergreen-Workshops
- Erstellung eines Produktportfolios
- Aufbau eines Teams bei „Brand Your Voice"
- Monatsgewinn von über 35 000 Euro

Gesamtumsatz und aktuelle Situation

Durch die erfolgreiche Umsetzung neuer Strategien und die Implementierung automatisierter Prozesse konnte Brand Your Voice seit Beginn des Mentorings einen beeindruckenden Monatsgewinn von über 35 000 Euro generieren.

„Wir sind während des Mentorings gewachsen – über uns hinaus, jeden Tag. Es wurden Grenzen gesprengt und wir entwickeln uns von Selbstständigen zu Unternehmerinnen." – Jana und Sarah